婚礼人的新机会

年赚百万的婚庆必修指南

岳战◎著

華中科技大學出版社
http://www.hustp.com
中国·武汉

图书在版编目(CIP)数据

婚礼人的新机会:年赚百万的婚庆必修指南/岳战著.—武汉:华中科技大学出版社,2021.12

ISBN 978-7-5680-7694-4

Ⅰ.①婚…　Ⅱ.①岳…　Ⅲ.①婚庆业-市场营销　Ⅳ.①F719.9

中国版本图书馆 CIP 数据核字(2021)第 231702 号

婚礼人的新机会:年赚百万的婚庆必修指南　　岳　战　著

Hunliren de Xinjihui:Nianzhuan Baiwan de Hunqing Bixiu Zhinan

策划编辑:饶　静
责任编辑:江彦彧
封面设计:红杉林文化
责任校对:李　琴
责任监印:朱　玢
出版发行:华中科技大学出版社(中国·武汉)　电话:(027)81321913
武汉市东湖新技术开发区华工科技园　邮编:430223
录　排:华中科技大学惠友文印中心
印　刷:湖北新华印务有限公司
开　本:880mm×1230mm　1/32
印　张:9.25
字　数:247 千字
版　次:2021 年 12 月第 1 版第 1 次印刷
定　价:49.00 元

本书若有印装质量问题,请向出版社营销中心调换
全国免费服务热线:400-6679-118　竭诚为您服务

推荐序：
变化才有新机会

一年前，岳战说想写一本婚庆经营的书，想不到现在书就出版了。这本书的出现，弥补了婚庆经营专业书籍的空白。在他从事婚庆行业的几年中，亲自干过销售，干过获客，干过策划，干过供应链，干过经营管理，干过互联网，积累了丰富的实战经验。同时，他广泛地接触了全国各地的婚庆同行，也研究过众多其他行业的成功案例，从而对婚庆行业拥有独到的理解。8年前，他辞掉高薪工作，以1000元底薪投入到婚庆行业，让我坚信他一定能在婚庆行业闯出一片天地。最近一年，他开始坚持每天7:00起床学习。尽管工作十分繁忙，但他利用业余时间写作，为这本书倾注了大量心血。

在我从事婚庆行业的7年中，很多人唱衰婚嫁产业，但我认为婚庆恰好是朝阳产业。首先，婚庆属于刚需，受经济周期的影响较小。2020年，尽管1—4月份全国都不能举办婚礼，但绝大多数推迟举办婚礼的新人都在半年内举办了婚礼。婚庆消费需求并没有因疫情而大幅度地压缩。其次，婚庆产值规模在不断增加，随着GDP的增长，新人的客单价每8年会翻一番。最后，婚嫁关系到了中国的人口增长，国家一定会出台相应鼓励婚嫁业发展的政策。未来10年，是中国婚嫁产业发展的最好10年。

婚庆行业该怎么发展？婚庆公司该以什么方式来应对

未来10年的变化？岳战系统性地解答了这些问题。未来的新人对婚礼品质、服务品质、个性化的要求只会越来越高，服务模式必然需要升级。同时，房租成本、人工成本也会越来越高，破局点就在于提升婚庆行业经营服务效率。互联网时代，婚庆公司到底怎么运营？本书都给了独到的观点和系统的方法论。

方法管不管用，前提在于对婚庆行业是否有深度的理解。岳战对婚庆行业赚钱难的分析是非常准确而独到的，对人效的理解也非常深刻。随着人工成本持续上涨，婚庆行业对人效的要求越来越高。个性化的婚礼又对策划师的设计能力有了更高的要求。打造一个有利于留住优秀设计师的模式就十分关键。“找我婚礼”正是在这样的时代背景下诞生，以提升人效为核心，创造性地引入了经纪人模式。脱离了对人效的理解，脱离了对婚庆发展趋势的理解，经营婚庆公司都是艰难的。

本书的实操性也很强，从获客、销售、策划与执行、经营管理等都给出了详细的策略和建议。定制婚礼时代，没有作品、没有口碑，线上获客将寸步难行，转化率也成了问题，订单成本就会居高不下；服务管理机制不健全，缺少优秀的策划师，也就没有好作品和好口碑；经营管理落后，企业效益差，就留不住优秀的顾问和策划师。岳战首次系统性总结了“找我婚礼”7年多的运营经验，给婚庆行业的发展做出了贡献。

婚庆这个行业唯一不变的就是变化，每一次的变化都酝酿着巨大的机会。作为婚庆从业者，只有积极拥抱变化，才能抓住行业机会。

“找我婚礼”创始人　龙宏

目　录

第一章　商业模式要顺应时代

1. 到底是什么原因在影响我们赚钱？ / 3
2. 节假日是影响赚钱的真问题 / 6
3. 淡旺季是影响赚钱的真问题 / 9
4. 寻找底层逻辑的解决方案 / 12

第二章　让品牌成为公司的资产

1. 婚庆的 5 个增值资产 / 17
2. 不要让 logo 影响公司的生意 / 19
3. 不要诋毁任何同行 / 21
4. 不要盗他人作品的 5 个原因 / 23

第三章　各种学得会的线上获客

1. 看懂网络获客的变化 / 27
2. 12 个网络渠道的运营策略 / 30
3. 大众点评和美团,不花钱的 4 个玩法 / 38
4. 手把手教会你微博获客 / 41
5. 重视微信视频号 / 50
6. 用直播提前锁客 / 52
7. 哪类婚庆别花钱投网络广告？ / 54
8. 外包网络获客留意这 4 类坑 / 56

9. 花 1 份钱赚 2 份收益 / 59

第四章　立竿见影的线下获客

1. 和酒店合作的低成本方式 / 65
2. 把真实婚礼变成婚礼秀 / 68
3. 做婚礼秀的 5 个窍门 / 70
4. 渠道合作优先级的排序方法 / 72
5. 异业合作的 4 个核心操作 / 74
6. 求婚是婚庆引流的好方式 / 76
7. 绝杀婚博会签单的方法 / 78
8. 让婚博会展位更有人气的方法 / 80
9. 婚博会中快速签单的 7 个步骤 / 82

第五章　一名销售一年签 300 单的秘密

1. 销售人员的三层境界 / 89
2. 统计数据帮助销售人员成长 / 92
3. 这笔钱一定不能省 / 95
4. 微信上跟不丢客户的方法 / 97
5. 客户不交钱就不出方案 / 101
6. 不要成为客户首家到店目标 / 103
7. 能签单就是你做证明题的能力 / 106
8. 如何向客户证明婚礼效果是靠谱的 / 108
9. 如何向客户证明婚礼价格是靠谱的 / 111
10. 如何向客户证明你的服务是靠谱的 / 114

第六章　产品是安身立命之本

1. 套餐婚礼和定制婚礼的区别 / 119
2. 定制团队千万别碰套餐婚礼 / 123

3. 做套餐婚礼的真实原因 / 127
4. 不请外援策划师帮忙做婚礼 / 131
5. 不建议只拼价格 / 133
6. 从沟通到落地需策划师跟到底 / 135
7. 应对高预算客户的方法 / 137
8. 给做婚礼堂项目的 9 点建议 / 139

第七章　量大还能做好服务的秘籍
1. 出现投诉怎么办？ / 145
2. 提升服务水平的方法 / 147
3. 永远不缺统筹师的办法 / 151
4. NPS 让你获得更多转介绍客户 / 154

第八章　不懂管理道具等于亏钱
1. 婚庆到底买不买道具 / 159
2. 哪些道具该买,哪些该租 / 161
3. 别吝啬把道具给别人使用 / 163
4. 择机将道具业务独立运营 / 165

第九章　经营思路决定赚钱速度
1. 开店如何正确地选址 / 169
2. 开店选临街还是写字楼 / 171
3. 临街商铺提升业绩的 4 个技巧 / 173
4. 初创公司尽量轻资产运营 / 175
5. 忽略坪效等于每天亏钱 / 178
6. 切莫把流水当利润 / 181
7. 不赚钱的原因可能有这些 / 184
8. 公司倒闭的 5 个因素 / 187

9. 谈单环境的 4 个问题会影响签单 / 189
10. 记得给每场婚礼买保险 / 191
11. 用好婚企管理系统 / 193
12. 左脑用好 AARRR 模型 / 195
13. 右脑用好 4P 模型 / 199

第十章　团队管理的长期修炼

1. 招聘中常犯的 5 个错 / 203
2. 3 个措施提升新员工的留存率 / 206
3. 搭建核心班子的 4 个常识 / 209
4. 初创公司别花太多时间培养小白 / 211
5. 初创团队的分工 / 213
6. 高效解决同事错误的 7 个步骤 / 215
7. 优秀领导的 4 个共通点 / 218
8. 避免员工做私单的 3 个举措 / 221
9. 老员工跟不上发展的解决方案 / 223

第十一章　薪酬好才能业绩好

1. 员工工资差距不大很危险 / 227
2. 好的薪酬设置可以提升业绩 / 229
3. 市场部的薪酬设置 / 231
4. 销售部的薪酬方案 / 234
5. 销售人员薪酬设置中的 5 个坑 / 238

第十二章　婚礼人的自我成长

1. 让婚礼人更赚钱的 3 种杠杆 / 243
2. 6 种驾驭时间的赚钱心法 / 246
3. 尽量掌握脑力方面的技能 / 249

4. 优秀管理者必抓这 4 件事 / 251
5. 策划师出身的老板如何做大公司 / 255
6. 从行业峰会中收获更多的 5 个方法 / 259
7. 参加培训需避免的 3 种错误 / 261
8. 不要去做制造麻烦的人 / 263
9. 没经验如何开婚庆公司 / 267
10. 婚礼堂设计师的 4 个段位 / 269

第十三章　行业发展的趋势
1. 从过去看未来的婚礼趋势 / 273
2. 城市之间的设计水平差距在缩小 / 276
3. 用裂变解决增长瓶颈 / 279
4. 重视国内目的地婚礼 / 281
5. 婚礼人最后的出路在哪里 / 283

第一章

商业模式要顺应时代

1.

到底是什么原因在影响我们赚钱？

不管做什么项目，想赚更多钱，必须要解决规模化问题，婚庆也不例外。细心的你是否发现，咱们婚庆行业几乎没有规模化的公司？省会城市的公司营业额很难突破 3000 万元，地级市的公司营业额也很难突破 1000 万元。行业内，几乎没见过跨区域还能经营得非常好的公司，更没见过全国性的婚庆品牌。

同样是服务结婚人群的影楼，为什么就出现了很多连锁公司？有很多全国性的超级影楼品牌，甚至全球化的品牌可以在中国市场上看到。有些品牌连没结婚的女生都能随便说出几个。

为什么这两个行业的规模化差异如此之大？到底是什么原因影响了我们的规模化？从事婚庆多年的同行有个共同观点：只要做到一定规模，就会遇到三座很难翻越过去的大山，分别是成本不可控、效率不可控和体验不可控。

(1) 成本不可控

在经营上，有个简单的公式：利润＝收入－成本。多数老板只盯着收入，却忽略了成本。收入＝获客数量×销售转化率×客单价×利润率。老板基本上都在思考这个公式，天天在想：如何去获得更多客户？如何通过各种营销活动邀约客户到店？如何给销售“打鸡血"去签更多订单?在客单价上,也是挖空心思通过二次销售加价,恨不得把利润率越做越高。

因此,我们常常会看到:为了提升获客数量,他们经常花钱公关酒店老板和销售,甚至还要先交几十万元给酒店才能合作;为了提升销售转化率,花钱做更多促销活动;为了提升客单价,换了更大更豪华的门面,甚至为每位客户提供独立的包间进行洽谈;为了提高利润率,不停购买道具,结果发现只有仓库变得越来越大。

这些成本都是难以控制的,更别说精细化管理了,因为这里面有件左右为难的事情:一旦精细化管理,公司的管理成本又将上升。所以很多老板发现,自己收入增加了一点,同时成本也在翻倍地增加,一年算下来,利润并没有多大变化。此时,你肯定会想:虽然有了更多收入,却没有以前赚钱,为什么要做这么大?

(2) 效率不可控

在婚庆行业,很少有老板关心效率的事情。在我们行业,容易量化的效率指标主要分为"人效"和"坪效"。"人效"就是单个员工在某个时段创造的营业额。"坪效"就是一个平方的面积在某个时段创造的营业额。

某家公司有 4 个人,一年营业额为 200 万元,年人效是 50 万元。按照这个逻辑,如果公司增加到 6 个人,营业额就可以做到 300 万元。但事实是,有可能连 240 万元都不一定能做到,因为这个行业有很多不可控的因素。如果你是老板,基本上不会想再招更多人了,因为人越多也许越不容易赚钱。

坪效方面也是如此,很多老板有种开餐馆的思路,小打小闹的时候一个平方的面积特别能赚钱,稍微有点钱就想换个更大面积的门面,以为接待桌变多就能接更多订单。实际上,越大的门面面积只会成为越沉重的经营成本,压得人喘不过气。如果你的订单量无法提升,你就会想提升毛利率,这样会导致你的婚礼产品质量和服务大打折扣,从而进入恶性循环,最终会拖垮你的公司。

(3) 体验不可控

很多老板一直认为是客户不够多才影响自己赚更多钱，其实，在深入分析后你会发现，影响获客数量和签单数量的原因多半是无法做好婚礼的品控，其主要反映在婚礼效果和服务上。

做婚庆的人会担心某一天结婚的人太多，如果想赚更多钱，就必须接更多单，订单量大了之后，如果执行人员的数量不够，就必然要去外面找兼职，如果没找兼职，就会直接影响整场婚礼的效果，客户自然就不满意。这都是老板们很难把控的。尤其是特别火爆的结婚日子，要是找不到“四大金刚”或场工，你说是老板着急还是员工着急？这就是婚礼现场的效果不可控的地方。

婚礼服务也是如此，订单是服务的开始，而婚礼筹备的周期非常长，订“四大金刚”、让新人试妆和与主持人见面都在服务范畴内，其间稍有不慎就会让客户对公司不满。尤其是火爆的日子，团队的成员忙得团团转，因为精力不够也会导致客户不满意。

最最重要的是，在整个过程中，很多老板都是旁观者，难以掌握每对客户的整体情况，也难以掌握每个员工的工作过程和状态，基本上一出问题都是大问题。一旦出问题，老板就需要花时间去处理投诉，导致缺少时间真正去推进公司发展。

上述这三个问题就是影响我们这个行业的公司规模化的原因，也就是影响我们行业赚更多钱的原因。

2.

节假日是影响赚钱的真问题

很多同行都清楚,影响婚庆行业利润增长的原因是规模化,也清楚公司只要稍微有点规模就会出现成本、效率和客户体验的不可控。按照正常的逻辑,既然我们发现了问题,直接解决不就可以了吗？作为同行的你,可以仔细琢磨下,目前这三个问题被解决了吗？答案是没有。如果被解决了,国内应该会出现很多规模化的公司,但事实上并没有。

此刻不禁要问:我国婚庆行业发展至今也有 20 余年的时间了,为什么影响规模化的这三个问题一直未被解决呢？难道是这 20 余年的从业者能力不够？不,显然不是能力问题。既然不是能力问题,那为什么这三个问题一直存在呢？

唯一的原因可能是:这三个问题在过去 20 余年因为某种技术性障碍而无法得以解决,且这三个问题还不是行业的本质问题。就像古代人以为装上像鸟一样的翅膀就能飞,但直到人类掌握了空气动力学才有了真正的飞机。谈到这里,估计有人会觉得很搞笑,咱们婚庆行业居然还会遇到技术性问题？然而,经过我们从 2013 年以来的深入了解,答案是肯定的,不然咱们行业不可能没有规模化的公司。

在研究婚庆时,同行们尤其喜欢和婚纱摄影业对比。同样是服务同一类客户，影楼是可以天天拍照的，而婚庆一般都是在节假日为客户办婚礼。且在中国，无论南方还是北方，无论东部还是西部，无论哪个民族，我们国人还喜欢选择一个所谓的黄道吉日办婚礼。

很多人可能要问：这和婚庆经营有什么关系？这关系太大了，因为婚庆行业是一个典型的“看天吃饭”的行业。如果仔细研究任何商业模式，你会发现无论是获客还是销售环节，过程基本上是一致的，最大不同就在于订单后的交付环节，它造就了商业形态的千差万别。

你看，影楼可以根据自己工作人员的时间为客户安排拍照的时间，因此就可以把自己的员工在单位时间内创造的价值最大化。而婚庆就完全不同，结婚的日子是由客户来主导的，基本上不会因为你说周三办婚礼享 8 折优惠，人家就会预订。

1 年 365 天，实际能办婚礼的日子只有 120 天左右。很多客户或其他行业的朋友经常说婚庆行业是暴利行业，以前我没入行的时候也这么认为。只有深入这个领域后才发现，真的就如同行所说的“操着卖白粉的心，赚着卖白菜的钱”，你算下就知道了，看似拥有45%的毛利润，但由于婚庆主要是利用节假日赚钱，把这 45%的毛利润均摊到每一天，我们每天获取的毛利润大概就是 15%。15%，放在任何一个行业都不可能算暴利了。

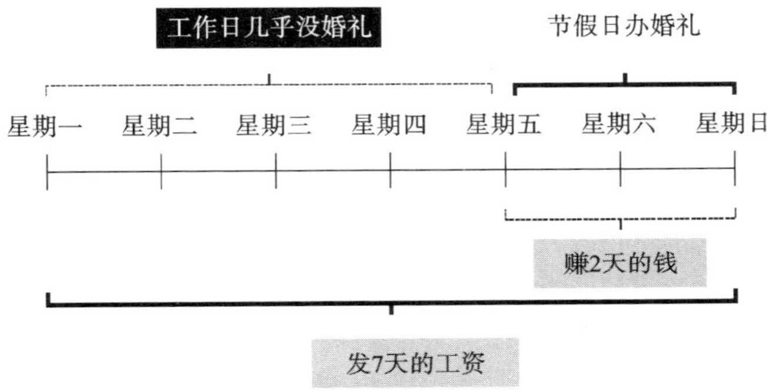

婚庆行业是赚 2 天的钱、发 7 天的工资的生意,这就非常考验老板的经营管理能力,稍有不慎就会出现亏损。员工当然希望自己的工资每年都有增长,如果收入没有增长可能就会离职。如果在公司当年的业绩没有多大增长的情况下,却要发更多工资,这只会让公司的利润越来越少。更何况道具数量和仓库规模随着公司经营时间的增加在逐步加大,固定成本的增加也会加重公司的负担,公司的经营压力会越来越大。这一切都源于婚礼作品的交付时间不是婚庆公司能决定的,这才是导致行业内公司难以规模化的第一个本质问题。

3.

淡旺季是影响赚钱的真问题

我们一起来看下每月的婚礼交付情况。图中的横坐标是月份，纵坐标是市场需求量，整个图能够反映每月的举行婚礼的需求量。

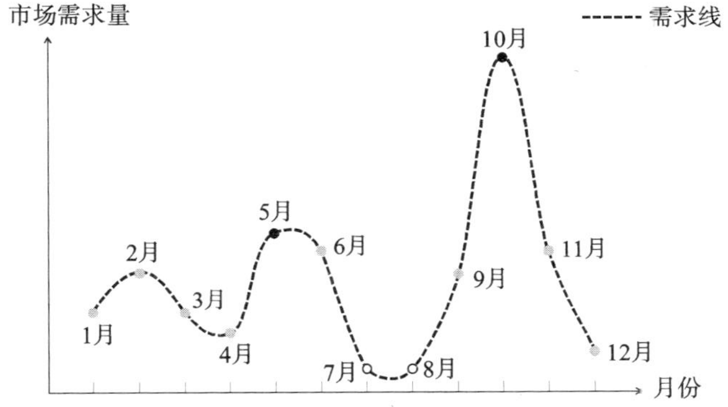

1 月属于冬季，但有元旦节，办婚礼的人数不会少，很多客户会咬牙抵御寒冷结婚；2 月一般会有春节，省会城市或一线城市的结婚人数一般比 1 月少，其他城市结婚的人数基本上比 1 月多，原因是很多人选择回老家办婚礼；3 月春暖花开，结婚的人数逐步增长，但没有节假日；4 月由于有清明节，且很多人不喜欢"4"这个数字，基本上办婚礼的人不多；5 月有 5 天的节假日，温度又不冷不热，是上半年结婚人数最多的月份；6 月有

端午节,“6”是国人喜欢的数字,结婚人数比 5 月略少;7 月和 8 月无论是南方还是北方,受天气炎热影响,结婚的人数都比较少,这是全年婚礼举行量最低谷的时期;9 月依然炎热,温度比 8 月适宜,加上有中秋节,办婚礼的人数比 6 月要少,但比 7 月和 8 月的人数多;10 月,众所周知,这是全年结婚最火爆的月份,人数比 5 月的 2 倍还要多;11 月,北方已经很冷了,结婚人数逐步减少,南方可能好点,和 6 月的结婚人数差不多;12 月的结婚人数,北方依然受低气温影响,和 8 月的人数差不多,南方除了沿海一带,基本也是受气温影响,结婚人数比 8 月的略多。

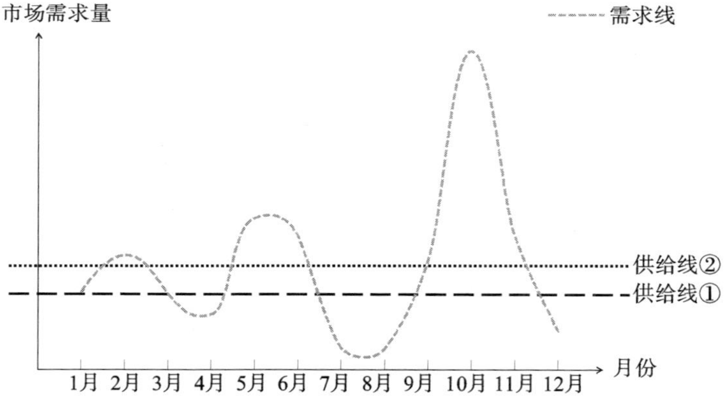

你看整张图,如果把图中每个月份的点连接上,这条线就是经济学里面所说的需求线,整个线条的波峰波谷落差非常大,这就是大家所说的淡旺季太明显。既然有了需求线,就会有供给线,需求线就是大家所说的买方,供给线就是卖方,这条供给线基本就是一条直线,不会随着月份的变化而变化。为什么呢?因为婚庆公司不可能在 7 月和 8 月把员工开除,让员工 10 月再回来,所以公司的供给能力是没有变化的。通过这张图不难看出:从工作状态来看,婚礼人忙的时候忙得要死,闲的时候就闲得要命。从经营状况来看,忙的时候20%的毛利润都是赚钱,因为订单量大;闲的时候60%的毛利润都是亏钱,因为这是一个“肉少狼多”的月份,竞争更加激烈,而真实情况是可能连30%毛利润都没有,只要能接单总比亏得更多要好。

如果公司要做规模化,相当于要把自己的供给线向上提高,只有提高后公司才有更大的承接市场需求的能力。事实是,供给线上方是公司可能赚钱的机会,直线下方是公司可能亏钱的时候。若是提升供给线,其上方和需求线间的面积越来越小,而其下方和需求线间的面积会越来越大。从理论来看,只有其上方的阴影面积大于其下方的阴影面积,公司才能整年都赚钱。这就说明,公司如果招更多员工、买更多道具、做更大仓库、装修更大的门面,只会让自己赚钱的机会越来越少。按整张图的供需关系来看,这也彻底说明婚庆行业很难规模化的另一个本质原因:淡旺季太明显。

我们对比一下,影楼为什么容易规模化呢?答案是影楼的需求线没有这么大的波动,这个行业没有这么大的淡旺季问题。为什么没有?因为影楼曾经受天气影响的问题,被现在的旅拍解决了。你看,过去北方人想在冬季拍婚纱照,除了选择室内场景,基本就没有其他选择。现在就不一样了,北方人在冬季的时候可以去大理、三亚、厦门等南方城市拍照。南方人在夏季的时候可以选择去东北或西北去拍照。当然这一切也得益于现在高铁、飞机、高速公路等交通基础设施的便利性。

再回到我们婚庆行业,我们现在已经知道影响婚庆规模化的本质问题是节假日和淡旺季的双重影响。并且婚庆和影楼还不同,卖家没有办法去改变需求线,如果没有更好的解决方案,婚庆行业就很难出现规模化的公司。

4.

寻找底层逻辑的解决方案

经营婚庆,如果按天来看需求线,波动是很大的;如果按月来看需求线,波动是巨大的。通过供需图来看,显然我们当下这种供给方式无法满足市场需求,进而也就无法满足规模化需求。我喜欢寻找相似的行业进行对比,那么,是否还有需求波动如此之大且需求无法被供给方干预的行业?

很庆幸,我们在 2014 年发现了和婚庆一样尴尬的行业,那就是出租车这个行业。你看图中的两个波峰,是否特别像出租车行业的早晚高峰,那个直直的虚线是否像每个城市的出租车数量?假如某个城市有一万辆出租车,但难以满足早晚高峰的市民出行需求,如果出租车公司把车辆数量增加至供给线②,依然无法解决早晚高峰的问题,还会产生更为严重的问题:之前的一万辆出租车在平峰期能赚钱的机会更少了。抛开政策因素,这张图也解释了为什么出租车行业没有诞生一家全国性的公司,就一个地区而言也是有多家公司在经营。因为增加出租车数量不能解决早晚高峰的问题,这和我们婚庆行业的情况是极其相似的。

大家也清楚,最终这个问题被打车 App 解决了,这些 App 通过整合交通资源,可以在高峰期最大化地调动市民的车,使供给能够最大化地满足需求线的波

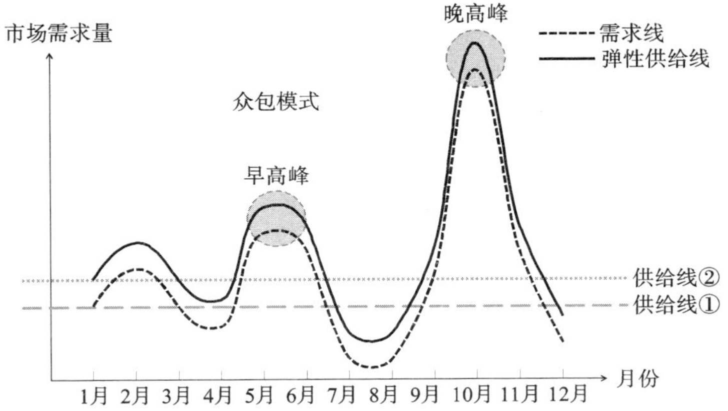

动。从理论来讲,这种模式就是将原来那条直直的虚线变成了一条随着需求共振的弹性供给线,这就是很多互联网公司在用的商业模式:众包模式。

除了打车 App 和司机,外卖 App 和骑手、快递公司和快递员,都是众包模式。沿着这个思路,会发现其实过去很多传统行业也在用这种模式:装修和水电工、土方工程和挖掘机……

啥是“众包模式”? 这种模式说得简单一点就是“按单结算”。理解到这里的时候,你会发现原来咱们婚庆行业早就在用这种模式,那就是我们和“四大金刚”的关系。

为什么婚庆公司不让“四大金刚”成为全职? 原因是如果他们成为全职,就等于让“四大金刚”又变成了那条直直的供给线,成本就越高,能赚钱的可能性就越小,因此只能按众包模式来结算。所以,结论是:凡是和婚礼日相关的岗位或角色,我们都要从全职模式变成众包模式,也就是不能发底薪,得按单结算。

无论线上还是线下获客数量都不受婚礼日影响,销售这个环节也不受婚礼日影响,这两个环节可以采用全职方式。再来看订单,“四大金刚”基本上都是用的众包模式。整个婚庆行业无法规模化

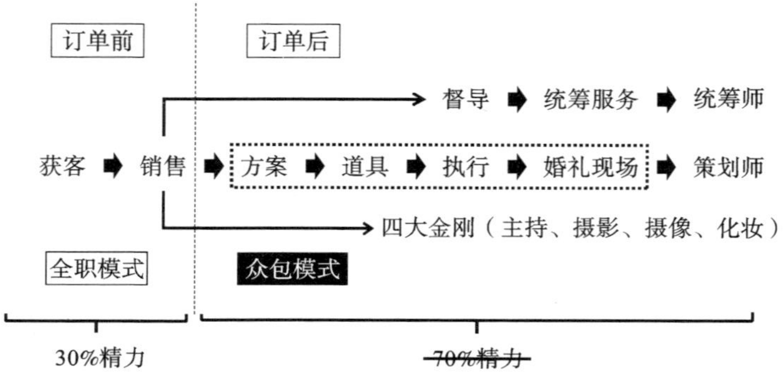

主要是受交付影响,而交付主要受婚礼日影响,因此下订单后所有与交付相关的内容都得用众包模式。既然对于“四大金刚”已经用了众包模式,那婚礼现场可否让某个人对从下订单后的沟通需求、酒店沟通、方案报价、统筹道具物料,到最后执行进行全权负责?如果可行,那下订单后就还剩替客户拟定备婚物资清单、安排试妆和与主持人见面、协助彩排和提供婚礼当天的贴身服务等事项,这些事项是否可以有个人专门负责?

这两个问题的答案是肯定的,婚礼现场所有的事情都可以交给婚礼策划师,现场以外的所有事情可以交给婚礼统筹师。如果这两个角色能搞定上述的两个问题,就说明受婚礼日影响的规模化问题可以用众包模式解决。客户下订单前采用全职模式,客户下订单后采用众包模式,只有这样,公司才不会因受自己的供给能力限制而影响自己的规模化,这就是底层逻辑上的解决方案。

第二章
让品牌成为公司的资产

1.

婚庆的 5 个增值资产

谈到资产，很多朋友会想到投资。商业资产有三类：最好的叫增值的资产，最差的叫贬值的资产，不变的叫保值的资产。经营管理公司就要把资金花在更有增值空间的项目上，只有不断增值才能让公司赚钱的能力变强。

(1) 品牌需要倍加呵护

可口可乐的某 CEO 说过，哪怕大火将工厂烧为灰烬，依靠"可口可乐"这个品牌他们也能快速东山再起。但品牌又很脆弱，它主要依托于公司的产品或服务的竞争力，这点需要管理者特别注意。

公司的品牌要增值，首先，需要一个便于大众记忆和传播的品牌名，尽量别用英文和生僻字，也别用无法让输入法连拼的名字。

其次，不要吝啬让品牌曝光，婚礼当天就该请摄影、摄像人员穿上印有公司品牌名字的衣服去拍摄，日积月累，这样的曝光就是品牌增值的过程。

最后，在作品传播的时候记得添加品牌名字，甭管是照片还是视频。品牌 logo 不可太大，且不可影响作品画面的质感，也不可太小，如果 logo 太小就无法让别人识别，logo 占整个画面的宽度四分之一就是合适的。

(2) 策划师是公司升值的资产

婚庆行业属于时尚行业，唯一不变的就是一直在变，做过的作品都会随着时间推移而贬值，但是策划师会随着时间推移而增值。策划师是婚礼作品的创作者，公司产品的竞争力就指望他们，要给他们提升设计能力的机会。

婚礼作品靠策划师的设计能力。当你遇到设计能力极强的策划师，这就如同捡到宝贝，也能成为你议价的能力。

(3) 管好与客户对接的工作微信

有些老板特别抠门，不给员工配手机，也不要求员工用工作微信。这样，员工离职后，公司所有的客户资源都会被带走。手机可以不配，但是工作微信一定要有，这是公司的资产，随着客户越来越多，工作微信的价值也会越来越大。

(4) 重视互联网第三方平台

比如大众点评、美团、婚礼纪、微博、小红书等，只要是客户关注的平台都要重视。这也是公司的无形资产，在移动互联网时代，信息如此透明，且了解信息如此方便，我们要经营好每个第三方平台，让每个平台的账号都不断增值。但有些同行拿别人的案例放在自己的主页，这是愚蠢的，因为他在让自己的账号贬值，也在让自己的品牌贬值。

(5) 老板也是公司的重要资产

李佳琦通过直播吸引粉丝，为各种企业“带货”，一个人活成了一个平台。李子柒通过视频吸引几千万粉丝，创办了自己的商业品牌。个人经济时代已经到来，作为老板的你，可以将自己打造成一个 IP，让自己成为公司持续增值的资产。重要的是，不要把自己打造成产品。比如有些婚庆公司中，老板就是公司最牛的策划师，公司离开老板就没办法生存。你应该把自己打造成媒介，这样就可以调动客户的情绪价值，让客户为你买单。

2.

不要让 logo 影响公司的生意

我无意间发现了一个有趣的现象，目前在国内比较火的婚庆公司的 logo 基本上都是以自己名称为主的。那些符号特别大，而自己的品牌名称特别小，甚至名字难念，难以迅速用键盘打出来的名称都很难火，为什么呢？

公司的名称一定要便于记忆和传播，有些婚庆取名特别奇怪，几个字一点关联性都没有，打字时都没办法连拼出来，这种名称根本就记不住，记不住也就没办法传播。行业中，好名称还是多的：比如大家知道的“诺丁山”，既是一部电影的名称，又是一个地名；“唯爱”也是好名称，一看就是做婚礼的；“造梦师”也是好名称，充满对美的憧憬。好名称是能够用输入法连拼的词语，比如我们的“找我婚礼”，你随便用什么输入法都能快速打出来。

名称也是公司的资本，因为口碑传播也是要成本的。你想，如果一家公司的婚庆服务做得特别好，结果名字讲出来很拗口，如何期待客户帮忙传播呢？好名字能帮公司品牌高效传播，比如“芙蓉新娘”这个名字就非常好传播，传播成本极低，一般人听一遍就记住了。

在 logo 设计上，好用一定比好看更重要。有些

logo,设计得非常好看,但是我就是不知道叫什么名字。还有的logo比自己公司的名称还大,这就喧宾夺主了,而且没几个人能一看见 logo 就知道是哪家公司。毕竟你不是耐克,而耐克也是花了几十年才让全世界的人记住了那个"√"。

好的 logo 要直接突出公司的品牌名称,原因是,现在消费者的注意力越来越不够用,所以需要使用强刺激去吸引眼球。

3.

不要诋毁任何同行

细想，你在什么情况下会诋毁同行？大概场景是这样，客户说自己在对比几家公司，你问客户看了哪家，客户说了一家小公司，你多半会对别人表示不屑，连诋毁的话都懒得说；而当客户说了你自认为的竞争对手，你就激动了，甚至愤怒了，然后就开始诋毁了。

（1）诋毁的坏处>好处

上面这种场景，也许暴露了一个客观事实：你真心认为别人做得比你好。当你不认为别人是竞争对手时，基本上就不会诋毁对方；当你认为别人是竞争对手时，你就想通过贬低别人来提升自己。如果你懂得计算得失，可以列举诋毁能给公司带来多少条好处，又能带来多少条坏处，你的计算结果一定是：坏处>好处。

（2）诋毁让你无法拥抱变化

成功时多从外部找原因，失败时多从内部找原因。如果这家公司对你的公司真正构成了威胁，你可以研究对方，挖掘对方的优点，这样方知自己在哪些方面做得不足，补足了自己的短板，才能更好地迎接市场的挑战。如果你的格局更大，可以站在别人的肩膀上，用更开阔的眼光抓住更远的机会，顺着事态研究趋势，你的公司将拥有更好的发展，否则就会加速自我淘汰。

(3) 客户知道高手不是你

如果你因为同行即将抢走你的客户而愤怒,就去诋毁人家,你的言语里是有情绪的,这种愤怒就是一种恐惧,言外之意会让客户明白,你在心里是对人家是认同的,对自己是否定的。因此,客户选择你诋毁的那家的可能性将变得极大。

(4) 诋毁的本质是无能

当你遇到竞争对手了,有能力就竞争,没能力就承受,这才是正确的态度。诋毁只能向别人展示出自己的无能和无奈,甚至会让员工也感受到你的无能,你在员工心中的形象也会受损,毕竟是先做人后做事。

如果有家公司让你感到不舒服了,甚至恐惧了,不妨转变下观点,带着好奇的心态去观察这家公司,你会有更多不一样的启发。如果觉得自己的心态有些许封闭,你不妨开放一点,去拥抱变化,个人成长和公司进步才是最重要的。

4.

不要盗他人作品的 5 个原因

盗用别家作品来宣传和接单，这是一条不归路。现在是法治社会，盗用他人作品涉及的不仅是道德问题，更是侵犯他人版权的违法行为。在做了很多错误的决定后，你是得不到反馈的。很少会有人告诉你，这个行为对你有坏处。除了法律原因之外，我还为你总结了不能盗用他人作品的 5 个原因。

（1）会带给你的员工不良的影响

如果一家公司没有案例，其老板就拿别人家的案例冒充为自己的，任何一个正常的员工都不会觉得老板行为可取。员工会这么想：老板对自己公司都这样弄虚作假，对我是否更是虚情假意？跟着这样的老板有前途吗？

还有部分员工肯定会这么想：老板都这样，那我就向老板学习，只要忽悠过去就好。一家公司的老板都这样，以后怎么管理自己的员工？

（2）会让你很难通过网络获客

这点是很多老板都感受不到的。我来梳理下客户搜寻婚庆的路径，客户通常会听朋友说某家公司不错，就去微博搜索，发现其作品有好几个似曾相识，然后他去大众点评搜索，发现也有几个作品他见其他公司的微博发表过，他再去小红书搜索，还是有同样的发现。

此时，他根本就不会咨询这家公司了。所以你会发现，做了这么久的网络宣传和推广，仍然没有多少客户，这就是主要原因，因为客户根本就没给你咨询沟通的机会。客户现在搜索案例的渠道太多了，而且太方便了，你能找到的，别人也能找到。

(3) 偷拍他人现场会成同行笑柄

过去经常有同行请人专门去别人家婚礼现场拍摄场布照片。这种方式更不可取。原因很简单，圈子太小了，一旦被发现，这家公司就成了同行的笑柄。

(4) 不利于签单

还有一种方式，是通过"案例赏析"的方式分享作品，也不说清是否为他人作品。这也不可取，原因很简单，只要你发布的是别人作品，客户肯定会知道，进而认为你没有什么好案例。

其实很多同行，尤其是初创团队，在一开始时没作品，确实很难签单。但是我见过一些非常聪明的创业者，先去当地好的婚庆公司上班，亲自参与一些项目，把自己参与过的作品保存下来，等自己开公司了，如实相告给客户。这样，谈单的作品有了，自己的人品也守住了。

第三章

各种学得会的线上获客

1. 看懂网络获客的变化

一切交易都是有成本的,公司需要持续不断优化以降低和客户之间的交易成本。什么是交易成本,就拿客户找婚庆来讲,交易成本就是客户最终预订一家婚庆所花时间和金钱的总和。关于客户在消费前是如何锁定一家公司的,随着时代不同,方式也发生了变化。借此机会,一起看看我们熟悉的三个获客阶段,也看看你的公司目前处在哪个阶段。

(1) 依靠本地媒体的阶段

这一阶段主要依靠商铺吸引流量,所以,能找到一个有更多潜在或精准客户能看到的渠道,那是相当不错的。现在也还有一些婚庆公司喜欢把公司开在当地步行街或民政局附近。从那个时候到现在,与酒店合作一直是屡试不爽的婚庆获客渠道,婚庆公司尤其看重酒店销售亲自向客户推荐自己的方式,这样成交率高,因为酒店销售扮演了一个“测试者”的身份,让客户觉得更可信。如果公司的资金特别充裕,还可以在当地电视台或报纸上打广告。

(2) 依靠 PC 互联网的阶段

这一阶段,人们获取信息的途径变了,诞生了当时最厉害的一家公司:百度。那个时候客户想了解任何信息都会用百度搜索，从而获取自己想要的内容。若一家公司能做一个网站，并购买客户容易搜索的关键词，这个公司就能获取更多的客户。

现在当然还有婚庆公司依赖百度推广，且关键词的费用越来越高了。从互联网诞生后，本地网络社区越来越多，我印象中成都有“第四城”，重庆有“购物狂”，杭州有“十九楼”，这都是那个阶段兴起的、为了满足本地消费者获取本地信息需求而建立的平台。那个时候有特别多婚庆商家去本地网络社区投放广告，现在依然有，只是影响力已经大大减弱，原因是大家获取信息的方式转移了。

(3) 依靠移动互联网的阶段

2012 年，伴随着各种智能手机的上市，这一年进入了移动互联网时代。以前大部分人获取信息的入口是百度等搜索引擎，打发时间的地方有本地网络社区。而现在各种 App 进入了客户的视野。微博就是最早存在，且现在依然流行的方式，仍有很多客户通过微博了解婚庆公司的案例，也就给了婚庆公司获客的机会，国内有些婚庆公司靠微博做得非常好。你看，这就是机会。如今有了大众点评和美团，这类平台就是典型的在利用高频的本地生活服务带动我们这种低频的婚庆服务。

很多婚庆公司在这类平台基本没有发布任何信息，没有任何行动，这就是他们缺客户的原因。

后来又有了小红书，因为我们的客户和小红书的用户很多地方是匹配的，这能够让客户多一个了解我们的窗口。有些婚庆公司老板甚至都没下载过这些 App。你想，这样的话，客户要知道这些公司，难度太大了。除了上面这些 App，还有大家常用的抖音、快手、微信公众号、今日头条等。

不同时代有不同的获客方式，不同的获客方式都是在降低客户的搜寻成本和比较成本，就像我们去陌生城市旅游，会利用各种旅游 App 做攻略,了解哪条旅游线路最好、性价比最高、哪些东西好吃等信息。如果一家公司没想尽一切办法在客户常用的 App 里曝光,那对客户来讲,要了解这家公司的成本就太高了,这家公司就容易被客户忽视。

2.

12 个网络渠道的运营策略

所有人都知道,网络获客是绝对的趋势。但婚庆公司的自身情况有所不同,从规模来讲,有些是独立策划师,有些是夫妻店,有些是几个人的工作室,有些是 10 多人的公司……;从发展时间来讲,有些是才起步的,有些是经营了 1 年左右的,有些是 5 年以上的……。不同情况下的公司,要有不同网络推广的计划,不能听别人说哪样好就做哪样。

最重要的是,我们这个行业很难吸引非常优秀的新媒体从业者加入。首先,给对方提供的工资就很难达到他的要求,这是行业属性决定的。婚庆不像婚纱摄影能天天获得客户,这就注定了这个行业的公司很难做到特别大的规模,所以新媒体运营跟着你也是干,为啥不跟影楼干?

其次,婚庆行业的服务半径有限,不是获取到的所有客户都能服务到,但是获取的客户也是新媒体运营的功劳,那是算绩效还是不算绩效呢?

再次,婚庆受预算影响,就算从网络获取到了客户,客户不太可能一来就说预算,而公司一般又不会对外公开自己婚庆作品的价格。做新媒体的人见到所有客户都抱着是大客户的希望,结果一次又一次被现实击垮。其他行业同样做网络获客的,基本没有这类情况。假如你是做新媒体的,遇到婚庆行业,你觉得好不好?

最后,网络获客还受作品影响,即便员工非常懂网络推广,也熟悉各个 App 平台的推广方法,在这个都是通过产品找商家的年代,如果一家公司没有好的婚礼作品,就没有更多曝光的素材。

上面说了婚庆公司很难招到合适的新媒体运营的 4 个原因,目的不是想吓跑大家,而是让大家知道,做新媒体运营的人可以去各个行业。但由于行业属性,人家来我们这个行业的可能性很小,所以婚庆公司一般很难找到优秀的新媒体运营。

那怎么办呢? 小公司的出路是老板或者股东亲自学,能学多少个平台运营、获客渠道就学多少个,毕竟这是当下大部分商业运营的核心竞争力。大公司的出路就是花钱请人来做,别自己培养,不给新手摸索的机会,除了浪费钱也浪费时间。当然还有一个办法,就是找网络推广的外包公司。

婚庆公司面对那么多能获客的 App 和网站等流量平台未必是好事,因为流量会被不同流量平台瓜分,而每个平台定位又有很大分别,且互联网平台又容易出现马太效应,所以同个类型平台中基本上都是一家独大。如果每个平台都想要做好的话,就得根据不同平台的产品设计逻辑来想办法。

接下来我会假设和你一起新开了一家婚庆公司,分享从初创期到成熟期如何做新媒体运营。

(1) 开通大众点评和美团

对初创公司来说,最重要的是找一个能够沉淀自己口碑的第三方平台,因为每一个订单都基于客户对公司的信任,所以公司更需要通过各种方式证明自己是值得信任的,且这种方式越有公信力越能证明。从目前来讲,大众点评和美团是第一的选择。

哪怕新公司无法从这两个平台获客,也要重视。现在这两个平台已合并,数据都是相通的。初期,新公司可以先去大众点评开通自己的店铺,并邀请客户填写真实评论。

(2) 开通视频号塑造人设

随着公司逐渐经营起来,我们需要认真对待每个客户,也用心做好每场婚礼。但这个时候公司在获客资源方面不一定特别有优势,怎么办?那就要提升公司的订单转化率。

这个时候公司就需要有个能让自己发声,且能传播的平台,要是还能塑造自我人设就更棒了。微信视频号肯定是不二之选,视频号能够通过朋友圈传播,如果视频内容有价值且能与别人产生共鸣,还能带来微信好友的点赞、收藏或留言,就能拓宽传播范围,让微信好友的朋友也能看到。

这类短视频不一定要是婚礼作品(对于没有作品的时期就非常有价值),也可以以策划师、老板这类角色真实展现自己作为婚礼人的工作和生活,在镜头中塑造平凡、向上且热爱婚庆行业的自我形象,这样很容易和更多人群产生共鸣。

(3) 坚持用公众号传递价值

随着公司的经营,其在客户心中渐渐有了知名度,美团点评成为公司获取流量和提升客户信任的重要平台,视频号成为花时间少但可以打造婚礼人人设的平台。此时还需要一个能让客户全方位了解公司的平台,公众号就满足了这个需求,公众号可以被当作一个类似淘宝、官网这类窗口,把案例放在里面,这是降低客户搜寻成本的非常重要的方式。

公众号是一个自定义性极高的内容编辑器,其最大的好处就是内容可以包含文字、图片、语音、视频,可谓一应俱全,可以满足所有的表达需求。

还有,要相信时间的力量。这里也是累积时间价值的平台,因为发布的每条内容都可以沉淀公司的价值。这里面有个小窍门,公众号和视频号一样,不要做得太官方,最好带有鲜明的个人特色,这会非常吻合“95 后”新人的偏好。当公司有了拟人化的定位,每天要发布的内容就变得清晰了,记住,一定要规划好每天输出的内容。

（4）社群是好婚庆公司的标配

当公司发展到一定阶段，每月能稳定产出一些婚礼作品后，也就积攒了不少老客户，这个时候可以开始做社群。但是，社群是一把双刃剑，若公司能做好婚礼作品和服务的时候，社群可以免费获客；反之，如果公司做不好作品和服务就千万别做社群，这样会影响口碑和签单率。

这里说的社群一般是微信群，即将不同的新人拉到一个群内，让他们自由在群里交流筹备婚礼的想法或经验。做好社群运营最重要的是要给新人提供良好的交流环境，所以需要制定社群规则，比如不能发任何广告、不能骂人等，并对每个人必须确认传达到位。还有，要保证社群不被其他商家骚扰，并设置举报奖励方式，这些措施都在为新人提供良好的交流环境。

当这个社群对新人有价值了，他们就会主动把身边有婚礼需求的朋友拉到群里。这时依然需要审核新入群的人，负责人可以通过介绍人了解其朋友的大概情况，这也是了解潜在客户的方式。待潜在客户进群后，负责人需要主动添加对方微信，将其锁定在自己微信和朋友圈里。

“公众号＋视频号＋微信＋社群＋朋友圈”，这就是私域流量的组合拳。

（5）有作品就去做小红书

曾经，微博是众多商家从网络获客的标配渠道，也是“四大金刚”扎堆宣传的地方。移动互联网时代的流量就是注意力的收割，有的用户玩了小红书，可能就没时间玩微博。

想在小红书获客，必须搞懂小红书自身的运营逻辑。过去都是人找信息，比如你想了解美薇亭，你就会去百度搜索；你想买火烈鸟婚庆道具，你就会去淘宝搜索。小红书可以根据用户获取信息的偏好，为其推荐可能喜欢的内容。你会发现小红书给你推荐的都是过去浏览过的同类型的内容。因此，我们婚庆公司做宣传就是要用好的内容去吸引用户,也需要用好的标题、好的文案。因为用户决定看不看你的内容也就是一秒钟的事。

当然你也要记住,小红书的大部分用户是为了打发时间。所以你发布的内容不一定限于婚礼作品,可以是与用户能产生共鸣的内容,如备婚相关的小贴士。

(6) 微博是人人可有的自媒体

粉丝量是衡量一个微博账号价值的重要指标。重要的是,微博适合一群人一起玩,所以它才会有“关注”和“@”功能,从而相互导流、相互成就。若你真要做,就要主动约上与婚庆相关的所有人一起做,这样容易使传播效果实现滚雪球效应。

微博还有一个功能,就是搜索,这就需要你懂得在自己的内容中加入可能会被用户搜索的关键词,以此增加自己在用户搜索中的曝光率。现在微博也可以分享到朋友圈或者分享给微信好友,你可以通过这个功能将微博作为自己的“门户网站”,成为自己搞定订单的辅助工具。

(7) 小程序成为谈单利器

从交流场景来讲,现在和新人沟通基本上都是依赖于微信的文字、图片,还有语音。微信谈单是我们当下非常重要的获客渠道之一,之前有提到,微博和公众号都可以当作“官网”使用,但是从便利性来看,小程序将是更好协助销售进行微信交流的辅助工具,比如你和客户聊到某案例的时候,可以直接将客户可能比较中意的案例用小程序页面的方式分享给客户,如果这个小程序上的产品做得足够好,就可以帮助客户更好、更深入地了解公司的其他案例,或者了解公司的基本情况。

无论用什么方式交流,新人能下订单终究是基于对一家公司的信任,比如这家公司靠谱吗?这家公司效果好吗?这家公司性价比如何?这家公司服务怎么样?有的小程序也将通过其功能协助一家公司解决客户心中的上述问题。

当前这类小程序比较多,且还能抓取用户在小程序的行为轨迹,实现数据共享,这将帮助销售更好地了解客户的偏好,以采用不同的策略,更好地谈单。

当然,小程序主要和公众号结合使用,公众号作为引流工具,小程序用于获客和转化,此时的小程序就扮演了销售的角色,默默地解决客户的信任问题。这类产品市场上确实多,我也大概看过,从我个人角度,推荐大家使用"企喵",原因就一点,我认为老板是匠人。

(8) 官网是成熟公司的标配

这里的官网是指电脑网站和适配手机访问的手机网站,这两个网站其实内容相同,只是会根据不同的访问终端显示不同的页面。官网做得比较好的婚庆公司在国内真不多。很多婚庆公司做的网站太差劲了,还不如不做。官网就代表着公司的形象,如果公司的定位是"高大上",追求品质,但官网做得很差,很容易导致客户降低公司在他们心中的印象分。

做好官网的目的,要么是获取流量,要么就是为了转化。如果是为了获取流量,那除了设计好网站,还得找更懂 SEO 的运营高手,这些都是需要不少费用的。当然也有土豪老板,不用 SEO,直接做个官网就开始投百度广告。但你需要算清楚投入产出比,算清楚获客成本和订单成本,不然很容易把赚的钱都花在百度推广上了。

如果是为了转化,官网作为公司谈单的利器,日常更新案例就显得尤为重要。大家不妨看看我们的官网,其实里面有很多是基于用户需求和访问场景来设计的页面,包括每一个细节的功能也是如此。

其实官网更适合连锁加盟模式的婚庆公司,随着品牌公司越来越多,公司官网的边际成本会越来越低,这样才是划算的。

(9) 婚礼纪是大城市的秘密武器

我是这么肤浅地定义婚礼纪的:婚嫁领域的大众点评。婚礼纪有很多能帮助婚庆公司获客和转化订单的独特方式,这些是大众点评很难做到的:比如直播、新人社区、婚品购买、制作电子请柬……

只要是与婚嫁相关的平台,都有一个特性:用户永远是流动的,且具有周期的,婚礼结束后就会离开。这告诉我们,用好婚礼纪就一个目的:获客。所以对于婚庆公司来讲,如果公司发展到一定规模,是值得花心思、花钱去投入运营婚礼纪的。

婚礼纪的商铺功能做得非常好。婚庆是一个关于美的行业,所以一定要用心去设计你的商铺,每个产品的封面图片一定要精挑细选,毕竟现在消费者的审美水平都比较高。还有一点是可以花心思去做的(但我不提倡),就是利用消费者的从众效应,需要你去刷评论、刷关注。

婚礼纪 App 适合有一定规模的公司进入运营,上传作品、投放广告,争取更大曝光量。

(10) 抖音是全国品牌的战场

由于抖音是基于用户的浏览兴趣向用户推荐内容,所以你看到的内容基本上都是你感兴趣的。

抖音也会基于通讯录把你的内容推荐给联系人,但是现在的人保存电话号码的概率是越来越小了,所以能看到你内容的用户基本上就是亲戚和朋友,这条路也是行不通的。

但这就特别适合全国性的品牌,哪怕是加盟品牌的婚庆公司,因为你获取到的客户,哪怕你服务不了,你也可以给其他城市的兄弟公司,这样就可以最大化你的获客价值。也适合那种定位高端的公司,因为拓宽自己公司服务半径的重要指标就是客户预算,比如客户预算为 100 万元,想在乌鲁木齐办婚礼,上海的诺丁山是可以为客户提供婚礼服务的。

(11) 本地网络社区有点坑

有一说一,百度鼎盛期也是这类本地网络社区日子最好过的时候,因为那个时候用户获取信息的方式是通过台式电脑或笔记本电脑访问网站。做本地社区时,可以花钱在百度买流量,让更多的本地人注册和留存,所以那个时候本地网络社区非常火。

如果现在还有这类社区向你招商，告诉你每年交多少钱就可以用商家名义在社区里发帖子，也可以用“水军”的方式宣传自己，你可要留心了，这就是有点坑人了。你细想，现在是移动互联网时代了，大部分人的注意力还会在这类社区上面吗？如果非要看社区，婚礼纪的新娘说难道“不香”吗？

所以，本地网络社区在当下基本上是不值得花钱投放广告了，无论对方能为你提供什么优惠条件。你会发现，这些社区里的人基本上都是商家的水军，狼比肉多，大部分都是商家自编自导自演的一出戏。

(12) 淘宝是全国品牌的另一战场

能让用户想到通过淘宝订婚庆，不得不要感谢婚纱摄影这个行业，尤其是旅拍。是旅拍培养了用户通过淘宝来解决自己与结婚相关事项的需求和习惯。

作为婚庆公司，想做淘宝还是有门槛的，尤其是天猫。主要原因是婚庆公司受预算影响造成服务半径有限，不完全能帮你获取到本地客户。你可以在一些城市找一家做得比较好的婚庆公司，一起做淘宝，彼此共享淘宝的流量。总的来说，淘宝还是更适合做海外婚礼、目的地婚礼的婚庆公司。

淘宝现在越来越强调“逛”，其首页是由搜索框和瀑布流商品信息构成。当你做了淘宝店后，可以在每个页面带上消费者喜欢搜索的高频关键词，常用格式大概是：“城市＋婚礼策划”，或者“城市＋婚庆公司”。你可以根据特定关键词去设置商品页面。瀑布流信息的推荐逻辑和小红书类似，只要客户搜索过与婚礼相关的关键词，之后的瀑布流信息就会推荐相关的商品。

拥有淘宝店铺除了能获客，还能通过淘宝直播转化原有的优先客资，这是一个非常顺应时代的销售场景。利用直播转化订单，这里的订单不一定是婚礼订单，可能是订一个优惠券，或者订“四大金刚”。

3.

大众点评和美团，不花钱的 4 个玩法

每家婚庆公司都需要重视大众点评和美团，原因是这两个 App 能帮助消费者了解每个商家的情况，弥补了信息不对称这条鸿沟，也就改变了买卖双方的博弈关系。它们是为消费者提供决策参考的重要信息平台，我们作为商家不得不重视。

大众点评和美团的所有内容都源于商户和用户共建，沉淀的 UGC 内容具有网络效应，让消费者越来越依赖大众点评和美团做消费决策，商家也越来越依赖于它们去建立品牌形象和获取流量。对于婚庆公司，尤其是发展初期的公司，我有以下几点建议：

(1) 积累评论数量

做任何事情都不能一想做就马上花钱，要先花点时间把大众点评和美团这类 App 搞懂，大众点评和美团是可以先免费开通商铺的。它们既然在影响消费者的购买决策，你就需要找出影响决策的要素，并去优化这些要素，这样才能赢得更多流量，增加消费者购买概率。

评论就是最重要的要素，我们婚庆公司提供的是一锤子买卖和高额消费的产品，所以新人的决策周期非常长。你需要多花心思去积累公司的评论，哪怕大众点评和美团不允许诱导消费者写评论，也需要发挥

你的能力去引导新人写评论。餐饮业大多是通过送菜、送饮品的方式让更多消费者写评论，你也可以通过提供优惠请新人为你写评论。

(2) 关注店铺收藏量

我们要站在用户视角去洞察他们的关键需求，当你打开大众点评去找陌生城市有什么美食时，你就知道你作为普通用户会关注哪些细节了。对我而言，哪怕有排行榜，我最在意的其实是一家商户被收藏的数量，这种数据会引导我的消费选择，甚至是干预我的消费决策。

因此，你在做婚庆公司的大众点评和美团商铺时，除了积累评论，其次还要关注“收藏量”的数据。

(3) 重视瀑布流内容

瀑布流内容就是你打开各种点评 App 时展现在首页的内容，这些内容从封面来看有点像小红书，推送这些内容的逻辑和小红书也很像，就是基于用户日常的浏览偏好进行推荐。

这让我们普通婚庆公司商户在不花钱的情况下也有机会被曝光，这些内容中只有少部分是广告(识别里面哪些是花钱投放的广告，你可以注意看图片的左下角，如果有“广告”二字，这就是商户花钱投放的广告)。

发布这类内容的操作方式也非常简单，直接点 App 界面中的“＋”就可以，首先选择要发布的照片或者视频，再编辑相关文案，最后选择关联自己的商户名称就可以发布了。

(4) 多账号运营

既然我能用一个账号发瀑布流信息，那我就能用无数个账号去发布信息。因为大众点评和美团现在的瀑布流信息是基于用户的喜好进行推荐的，和小红书、抖音的逻辑差不多。如果你只有一个账号，那么能被曝光的概率是有限的，多个账号就会有更多曝光的概率,这样的操作方式叫“矩阵式媒体”,樊登读书会就善于用这个方法进行曝光。

我再为你梳理一下,能获得一个平台大量曝光的方式有 2 种:同个账号发布更多的案例和内容,更多账号争取更多的曝光。这里面还有一个前提,你要有更多的案例,最好不能重复,不然也不容易被推荐。

4.

手把手教会你微博获客

从 2009 年到现在，微博自诞生后，在信息传递速度方面可称首屈一指，所以我们经常会看到某个突发新闻由微博先传出来，或者某个明星选择通过微博公开发声，而朋友圈分享的相关信息也往往来源于微博。微博就像一个广播站，只要你发声，关注你的粉丝就可以及时接收到你的信息。

同样，微博是婚庆公司非常重要的传播平台，迄今也是很多客户了解婚礼相关信息的重要平台，所以我们要想办法做好微博。做好任何一个新媒体平台，都是这样的顺序：理解用户需求—懂得平台规则—找到运营方式。另外送给大家一句话：花钱做新媒体是最简单的，但容易被坑；不花钱做新媒体是最牛的，但不容易学会。所以我的建议是：在新媒体获客方面，一定要先摸索不花钱获客的方式，等真正获得客户了再花钱去锦上添花。

(1) 理解用户需求

你为什么看微博？这是理解用户最重要的起点。我总结了三点：获取所需信息，结交所需朋友，打发碎片时间。

①获取所需信息

关于获取所需信息。我说说我吧，我比较喜欢雷军，经常会去看他的微博，喜欢看他如何搭配自己的着装、看他最近分享的有价值的信息，这就是我在主动获取所需信息。有一段时间，我对香港的情况特别关心，我就会去搜索相关信息，了解整个动态，这也是获取所需信息。还有段时间，我对特斯拉特别痴迷，我就去关注特斯拉的微博账号和评测特斯拉的相关账号，这还是获取所需信息。

你看，这里面体现了我作为一个普通用户，想获取信息的不同场景。第一种是我对某人或某品牌的账号好奇，我会通过搜索去关注对方的账号，主动获取对方的相关信息；第二种是我对某个话题感兴趣，我会搜索相关关键词去获取某个话题的相关信息，这类信息不是指定账号传达的信息，而是相关话题的所有信息；第三种是我对某个账号内的某些内容非常感兴趣，我会搜索该账号的内容去获取我想要的信息。懂得这些需求都是增加我们对用户的理解，让我们更好地做微博获客。

②结交所需朋友

微博是一个开放式的、结交志同道合的朋友的地方，我通过微博至少认识了 2 个关系非常好的朋友。第一个是杭州喜铺的 CEO 亚伦先生，他在认识我之前还没做过婚庆，只是有这方面的想法，他通过微博寻找相关婚礼人，后来了解到我们公司，也通过我发的内容找到了我，说自己想开婚庆公司，想认识我，于是我们就这么认识了。第二个是我曾经在重庆公司的搭档周琪祥先生，那时他快大学毕业，想找一家创业型互联网公司去奋斗，他无意间看到了我通过微博发布的招聘信息，就主动和我联系，后面就成了我的同事。

通过微博结交所需朋友是一个非常好的渠道，一种是你通过信息吸引别人，比如招聘信息，是什么原因让这条内容吸引了别人的关注，这是值得你思考的问题；另一种是你知道某个人并通过主动搜索找到他，通过评论或私信去接触，这里又需要你去思考，别人为什么要回复我，这就需要我们发布的内容要足够吸引人，如何让内容有吸引力就值得我们去琢磨了。你再想想，把这个问题放在婚庆场景中，我们该如何解决呢？

③打发碎片时间

打发碎片时间又是一个不同的需求，不同需求必然有不同的场景。你可以回想下，你是怎么通过微博打发碎片时间的。对我来说一共有几个方式。第一种是我打开微博 App 就开始往下翻，这里翻的内容都是我关注的微博账号推送的内容，我看到喜欢的内容就会停下多看几眼，不喜欢就翻过去了。注意啦，这里的逻辑就是，你关注了什么，你就看到什么，而且看到的内容都是按照发布的时间为顺序来显示的。

第二种我会选择“推荐”，这里面的内容基本上就像今日头条的模式，推送的每条信息是没有时间的概念的。这说明什么？这说明“推荐”里面的信息是基于你日常浏览信息的偏好来推荐的，是大数据算法为你筛选的你可能喜欢的内容。我们在经营一家婚庆公司的微博账号时，要做怎样的内容才能进入“推荐”里面，这是值得我们思考的。

第三种就是 App 界面里面的“视频号”“发现”里给你推送各种信息，“视频号”的推送逻辑和上面的“推荐”是差不多的，不呈现发布时间，这也是基于个人偏好为你推送的信息。而“发现”基本上就是基于用户过往点赞或互动转发较多的信息，或是微博主动筛选的有价值信息。这里面还有一个“本地信息”逻辑。

第四种就是“消息”，你点进去后看到的是“动态”，这里面的动态都是你关注的账号更新内容的信息。同时这里还有“消息”，是别人@你，或者评论、点赞你的内容后进行信息及时反馈的地方，也是进行私信互动的地方。

基于用户获取信息的需求，你要去思考，你发的微博要向用户传递什么内容，并通过什么方式传达给用户，如何引来用户对你的关注，而后引导用户私信你或留下自己的联系方式；基于用户结交朋友的需求，作为婚庆公司，你就要知道你的微博在扮演什么角色，你的话题应该怎么设置，如何让客户更方便找到你，你的微博名字如何取才更有吸引力，这都是为你的微博打造人设所需要考虑的；基于用户打发碎片时间的需求，你就要知道客户在什么时候会想打发无聊的时间，你传达的内容如何让客户觉得有趣。

（2）客户关注微博的哪些内容

接下来，你还要关心一个问题，如果你是一个正在筹备婚礼的人，你去微博想看什么样的内容？你只有知道客户想看什么内容，才能知道用什么内容去吸引人家，你只有知道客户在不同时间段关注账号的喜好，才能知道如何利用别人的账号为自己增加流量。

客户一般会按时间轴来浏览内容，一方面是获取知识（启发灵感也是获取知识），另一方面就是寻找目标商家。首先客户会关注婚纱摄影，如果你想用内容吸引此类用户对你的关注，你需要结合自己的婚庆业务来考虑，不能简单地分享婚纱照，这样似乎有点不务正业，你可以分享拍婚纱照的攻略，可以是“文字＋图片”，也可以是“视频＋文字”。如果你想让关注其他婚纱摄影账号的用户直接关注你的账号，你可以采用投放广告的方式，且可以点对点投放给相关婚纱摄影账号的粉丝。你看，在充分理解用户需求后才能做出对应的内容输出和投放计划。

客户还会关注婚纱礼服、新娘妆、摄影师拍的照片和视频、婚礼现场的布置。无论客户关注什么，我们都要针对其不同的兴趣点去设置能吸引客户关注的内容，内容一定要包含客户可能搜索的关键词，这点非常重要。

（3）客户什么时候使用微博

能洞察到这点依然源于我们在理解用户。为什么要关注客户什么时候看微博？如果晚上 9 点是用户看微博的高峰期，你却在 8 点钟发布，你的内容就被其他内容淹没了，所以你必须知道用户什么时候看微博。

了解用户看微博的时间其实非常简单，每年微博都会发数据报告，里面就有用户活跃时间。

7:00—9:00,这个时候我们基本在去公司的路上,也许新娘坐在副驾看着微博,也许新娘在坐地铁或者公交,这都是看微博的时间。在这段时间给粉丝传递的内容,要更加正能量、更有朝气,由于外部环境可能很吵,这时不宜推送视频类信息。

12:00—14:00,这是吃午饭和午休的时间,客户可能在排队吃饭,可能在等外卖,也可能捧着手机正在放松。这个时候,你就要抓住机会推送一条能让人更加放松的介绍婚礼场景的内容。

17:00—19:00,这时客户一般在下班回家的路上,和早晨的场景类似。

21:00—23:00,这也是使用微博的高峰期。这段时间客户基本上都在家里,所以你推送的内容可以包含视频,因为有声音也不会打扰其他人。

你看,当我们知道什么时候是客户使用微博的高峰期,就可以提前准备好内容,定时发送,这样就可以保证将内容及时推送给了你的粉丝;同时,我们也能知道在不同时段应推送适合不同场景的内容,还知道什么时候投放广告能最大程度去提升自己微博账号的曝光率。

(4) 客户如何看到我们微博内容

当你了解了客户看微博的需求,知道客户结婚要看什么微博内容,也知道了客户什么时候看微博之后,重点是,做微博运营,怎样才能让你的微博内容出现在更多客户的视野中。我根据前面的内容并结合微博运营的实操,为你梳理出以下几种场景:

①主动关注你的微博账号

会主动关注你的微博账号的客户,一定是听说过你的公司。(还得再强调一遍,公司的名称一定要好记,方便拼音打字,最好不要用纯英文,不便于客户在网上搜索)。

人家都关注你的微博账号了,你就要主动问候粉丝,这类问候一定不能太官方,要能拉近你和客户间的距离。这类关注时的问候是可以设置自动对话的,你可以设置类似于这类问候的文案:“我不是机器人哈。你是今天第 5 位关注我们的粉丝。请问你预订了哪家婚宴酒店?”

别小看上面这三句话,它们背后都是有一定的逻辑的,我为你剖析下:“我不是机器人哈”是告诉你的客户,你的微博账号是有人值守的,可以互动咨询;“你是今天第 5 位关注我们的粉丝”是在暗示客户,我这微博账号的人气还是不错的;“请问你预订了哪家婚宴酒店?”这是抛出一个问题并等待客户回答,根据回答就能确定对方是否是有婚礼需求的客户,你是否需要继续跟进。为什么要问婚宴酒店而不问婚期?如果客户回答了某个酒店,可以帮你获取两个有效信息:第一,可以确定这个客户是有需求的;第二,通过酒店能大概知道客户的预算,下一步该如何和客户互动就非常清楚啦。

在微博名字还有你的微博账号介绍里面可以写上联系方式,比如你可以写“更多更新的婚礼案例请加 151××××××××”,这就是在暗示客户可以加微信,也可以打电话。需要注意的是最好不要提“微信”两个字,这样容易被降低你微博账号曝光的权重。这里面也要有个“饵”,就是告诉客户可以看更多案例,当然你也可以结合自身业务去拟定自己的文案。

②转发加大你的微博账号曝光率

你看看你微博账号首页的内容,是不是有很多内容都是你关注的好友转发的别的微博账号发布的内容?你因为其中有你可能会感兴趣的内容,从而去关注那个微博账号。你也要把这点用在自己的微博运营中,你可以这么做:

其一,鼓励“四大金刚”、婚纱礼服、西服定制、婚宴酒店等与婚礼相关的一切资源和你一起“玩转”微博,只要有新内容,就把这类异业合作伙伴@上。当他们再转发这个内容的时候,就是将你的内容以成倍的流量进行曝光。当他们的粉丝看到你的案例,就有可能成为你的粉丝,你也就有了获取客户的机会。

最重要的是,当你的所有异业合作伙伴都以这种方式相互@和转发,大家都能通过这种方式增加粉丝量,你们的粉丝量就会有滚雪球的效果,越来越多。

其二,设置活动请客户转发。分享一个我见过的通过微博转发发展起来的旅拍摄影大咖范元元,他的微博账号名字这么多年一直没变,就叫"范元元",微博认证很国际范儿。他就是用苹果手机作为转发活动的奖品,从而吸引了很多粉丝转发,转发又吸引更多粉丝关注,更多粉丝关注又有更多转发量,他目前已有100多万粉丝。

重点来啦,我举这个例子只是让你感受转发的威力,我们婚庆公司不能这样做,因为我们的服务是有半径的。我们得依靠自己的客户或本地潜在客户的转发,你可以通过做活动邀请本地客户转发微博内容,借此机会吸引客户的微博好友来关注。你也可以结合客户婚礼现场做一次转发有奖的互动活动,只要能吸引更多人转发微博内容,都能增加你微博账号未来曝光的机会。

③搜索拦截关键词导流

很多人发了很多微博内容,作品非常好,文案也写得特别优美,视频一看就花了不少心思,结果酒香也怕巷子深,就是没能吸引多少粉丝关注他。原因就在于不懂利用关键词搜索拦截。什么意思?当你听说了某个明星的大新闻,想凑热闹的时候,你就会打开微博、百度或今日头条去搜索那个明星名字,浏览关于他的一切最新消息,那个明星的名字即关键词。

你知道那些人为什么没有流量了吗?原因就是在那些优美的文案里面,没有关键词,所以没有办法吸引潜在客户对你的关注。这个就像钓鱼一样,没有鱼饵,怎么吸引到鱼呢?这些关键词就是你的鱼饵。任何事物背后必有道理,当你没有弄清道理就随意去做的时候,很难获得成功。

懂得了这一点,接下来你需要去洞察客户平时会通过哪些关键词搜索自己想要的内容,你可以按照婚礼筹备的流程梳理这些关键词。从求婚开始,比如"创意求婚",以后你有求婚的相关内容就可以把这个关键词植入进去。假如你觉得客户会搜索"求婚策划公司""北京求婚策划师公司"，这都是你需要梳理的关键词。你可以把这些关键词记录下来，根据自己的内容，在合适的时候加上去。或者你可以把这些关键词排个序，每天根据关键词做一些内容，久而久之，这些内容就会成为带着鱼饵的鱼竿，发布出去之后，只用"坐等"客户的搜索。这类关键词，你做得有多全，覆盖面就有多广。

除了按照筹备婚礼的流程去梳理客户会搜索的关键词，还有一个方式就是去挖掘长尾关键词。比如你去微博搜索"婚礼"时，输入关键词后停顿一下，看看搜索框内显示的与"婚礼"相关的其他词语，这就是长尾关键词，这类关键词也可以成为你优化微博内容的参考对象。

当你梳理了这么多关键词后，在编写文案的时候，也要有讲究。别赤裸裸地把关键词放在文案的后面，这样显得你的内容没有阅读价值，你需要将关键词与文案巧妙地融合，这样才是最正确的做法。当你懂得这一招的时候，你可能想赶紧去试试，那就赶紧去，我等着你的反馈。

④点赞和广告也是获取更多潜在客户的方式

客户如何才能看到我们微博账号的内容，前文已经介绍了 3 种方法，其一要做好与主动成为粉丝的客户的微博互动优化，其二要想尽一切办法让更多婚礼人和客户参与微博转发或互动中，其三就是将客户可能会搜索的关键词植入微博内容中。接下来再给大家介绍两个比较简单的方法，一个是免费的，一个是付费的。

先说免费的，看到这里，你可以去打开微博 App，看下你的微博内容中是否有你关注的博主点赞的内容，即你关注了某个博主，对方点赞了别人的内容，这时微博可能会把这个博主点赞的内容推荐给你。这里的应用场景大概就是两种情况：其一，当你发了一个比较好的微博内容，你可以邀请与这场婚礼相关的合作伙伴在转发的时候再点一下赞，这样可以最大程度地在他们的粉丝里曝光；其二，很多时候你的潜在客户或者已办婚礼的客户不会主动帮你转发微博内容，但是你可以请对方帮忙点个赞，客户可能会有更大概率完成点赞的行为。

最后说付费的,我一直都觉得付费是最简单的,因为你只需要花钱就行,当然花钱也需要算投入产出比。付费投放的广告分两种:一种是针对微博内容进行投放广告,比如大家会经常看到诺丁山的广告,哪怕你可能没关注婚庆这方面;另一种就是付费推广自己的账号,这种方式比较生硬,而且效果现在也不会太好,大家可以忽略。

针对微博内容投放广告也分两种方式:其一,向现有的粉丝投放广告,也就是你每次打开微博看到第一条微博内容,基本上就是你关注的博主花钱投放的广告,如果你开启了微博信息通知,有时候你会收到你关注的博主的微博内容更新提醒,这也是对方花钱投放广告后的结果;其二,向婚嫁相关行业的博主的粉丝精准地投放广告,比如我觉得金夫人婚纱摄影在我们本地做得非常好,就可以花钱针对关注金夫人的微博粉丝进行精准投放,当金夫人婚纱摄影的微博粉丝打开微博的时候就会看到你的微博内容。如果你的微博内容能引起客户的兴趣,你就借此得到了关注。

5.

重视微信视频号

微信拥有 10 多亿名用户,连我们的爷爷奶奶都在用微信。这惊人的数据代表了你的准客户都在用这个工具,视频号作为微信仅次于朋友圈的功能产品,且处于“朋友圈”的下方,这将给视频号非常重要的流量。

在 5G 时代,视频业将会拥有巨大的机会,这也是微信如此重视视频号的原因。视频号以短视频内容为主,图片内容为辅,这将吸引更多想打发无聊时间的用户。因此,我们要倍加重视自己每场婚礼的视频内容,最好保留原片,以后也便于自己编辑版本不同且值得传播的内容。

视频号内容是基于微信好友进行第一层关系网的推荐,一个人的好友一般有个明显特征,就是地域性极强,这就很符合婚庆地域限制的要求了。这种特征能够确保将视频内容有效传达给微信好友,当你的好友点赞或者完整播放了某个视频,微信就会认为这一内容有价值,将其推给你好友的好友,你好友的好友本地属性依然较强,这样就让你的内容尽可能触达本地的潜在客户。这种效果肯定比抖音带来的效果好,抖音缺乏地域性,即使视频内容再好,天南地北的客户找你,你若做不了这业务,就还是浪费了客户资源。

视频号有个特别的功能,就是能附带公众号文章的链接,这个非常牛。我看很多婚庆公司都没做公众号,原因很简单:做了也没有收获新的潜在客户。这里面就不得不说公众号的本质:公众号的本质是人找内容。比如你知道了“找我婚礼”,你才会通过公众号去搜索。这就解释了我们婚庆公司做公众号很难成功的原因,因为我们的内容很难被转发,所以无法形成裂变的影响力。

但是视频号就完全不同,视频号是基于内容偏好和关系网的推荐,也就是内容找人。只要你的账号的内容足够好,就会被推荐给更多的人,这样就容易扩大账号的影响力,而视频号带公众号文章的链接就是让视频号为公众号导流。视频号让更多人喜欢你,公众号则是让更多人读懂你。

因此,你就可以在公众号里面分享各种各样的内容,并将合适的内容和视频号关联,让更多人通过视频号来关注公众号,再通过公众号添加你的微信,以此完成精准客户的获取。

6.

用直播提前锁客

直播带货确实很火,很多明星也参与其中。如果你们自身的产品和服务是有优势的,哪怕只是略有卖点,我也非常建议你们尝试直播,理由如下。

(1) 提前触达客户的机会

如果你在100个有效用户中能签订20个订单,你的转化率是20%,剩余80%的客户没转化很有可能是因为他们没有到店。如果你做直播,降低了客户对婚庆的比较成本,也就是你通过直播方式提前接触了新人,并让对方提前对你有了较为深入的了解。

如果你的优势明显,很容易调动客户对你的情绪感知,也就提前在新人的心中占有一席之地。哪怕你没卖货,直播时谈点做过的婚礼案例也是值得的。

(2) 提前预告是成功关键

无论是薇娅、李佳琦,还是罗永浩、董明珠做直播,他们都会通过自己的社群、微博、公众号等提前预告直播涉及的商品,这样便于提前吸引更精准的客户准时观看。

对我们婚庆公司来说,朋友圈是你最大的营销武器,你可以制作一张海报广而告之,还可以针对潜在客户点对点发送信息,这样能更加有效地把消息传达给你的客户。

(3) 用优惠锁定客户到店

很多老板没做直播,认为自己没有商品可卖,尤其是做定制婚礼的老板。我们不妨转化一下观点,我们不要将这次带货想成成交订单,而是想成为吸引客户到店的引流,这样是不是就好玩了?

我们可以卖 9.9 元抵 1000 元的优惠券,优惠券的使用周期可设置为 1 年内有效,也可以设置低价订购“四大金刚”的活动,还可以弄一些 1 元秒杀的婚庆周边商品,重点是留住更多人听你说,你的目的是抢占用户注意力,引导客户,并锁定客户到店。千万别当成在线签单,这样客户的决策成本就太高了。

(4) 做异业联盟获客

如果确实觉得自己没有做直播的必要,你也做不好直播,那就可以找到身边在做直播的异业伙伴帮你导流。比如你可以给合作伙伴赞助一些礼品,或者你到对方直播间里做客,把自己公司的作品和优惠介绍给对方的客户。这就是利用别人的流量帮自己获客,当然如果你自己也在做直播,你们可以结成联盟,不定期为合作伙伴做一次专场直播。

最后,直播的本质是争夺用户的注意力,别以为你的竞争对手只有其他婚庆公司,其实所有与你在同一时间做直播的商家都是你的竞争对手。

7.

哪类婚庆别花钱投网络广告?

很多婚庆公司的老板都有这样的感受:利润一年比一年薄,推广费一年比一年高。再加上,现在网络流量平台的盈利逻辑无非就是"年费+广告"。年费就好比你在商场租了一个门店,每年商场要收固定的租金,你也可以理解为门槛费。广告的形式就多了,这就是利用商家之间的竞争,让商家自愿投入更多钱争取有限的客户的注意力。有的情况下,花钱做广告也可能没效果,那么,哪些情况最好不要花钱投广告?

(1) 初创期不适合

当公司还在初创期时,最好不要花钱投广告,因为你要先花钱,后有客资,期间你还要请人花时间去优化推广。即便你获取客资后,还要让销售花足够长的时间跟进,哪怕有订单了,也只有在婚礼前一个月左右才能收到大部分的婚礼费用,这时你才能用其抵扣相应的广告费,前期的投入太大了。

若公司的资金周转率太低,会让公司初期的压力非常大,如果此时你的员工或者你自己的能力还不够成熟,不能把花钱买来的流量最大化地转化为订单,这会让你的经营成本变得非常高,你可能连投放广告的本钱都没赚回来。这不是我危言耸听,而是身边无数个老板的实例。

(2) 没有作品不投

即便你特别想投放广告,也要忍住。尤其是在你连作品都没有的时候,你投了广告,也确实吸引了客户来访,结果你没有任何作品能提供给客户参考,这样也不会让客户对你产生进一步的兴趣。

这也是我为什么不建议做套餐婚礼的原因,套餐看似更省心,也更赚钱,但是你没有拿得出手的案例。即便你投放了广告,也无法吸引更多客户来关注,还会让你的获客成本变得特别高,在你不知道原因的时候你还以为是投广告没效果。

(3) 正确的做法

当你的作品多了,首先,可以试着在大众点评、美团、婚礼纪等具有本地属性的 App 里开个商户,这是为了更好地展示自己;其次,多邀请办完婚礼的客户在那些 App 上写真实评论,多累积自己的口碑;最后,再花钱投广告,提升自己吸引流量并获客的能力。

现在的流量平台太多了,每个平台的运营逻辑都有较大区别,你作为想获取流量的商家,必须先熟悉该平台的相关功能、场景和规则,之后再说花钱的事情,别心急。

8.

外包网络获客留意这 4 类坑

移动互联网的出现改变了我们生活的方方面面,哪怕婚礼服务也是如此。从搜寻成本来讲,现在消费者使用各种第三方平台了解婚庆的便利性越来越强。越来越多的老板开始重视这方面,但这个行业本身就很难吸引更多懂网络营销的人才加入婚庆公司。

原则上,只要是能聚集年轻人的平台就有我们婚庆公司获客的机会,但是第三方平台日新月异,每年都有不同的适合年轻人的平台出现,微博、小红书、抖音、视频号,接着又有什么新平台出现,你我都不知道。对我们普通婚庆公司来讲,为了获取一些客户,花钱做点网络宣传的试错成本太高了,投入产出比是非常不划算的。

那能否找做网络获客的外包公司呢?目前国内也出现了这类公司,就是抓住了普通婚庆公司不可能招人全职来做网络宣传和获客的痛点。很多婚庆公司老板看见这类公司就感觉找到了救命稻草,但是这里面也有很多隐形坑,需要各位注意。

(1) 作品多才适合外包

一定要清楚自己公司是否适合做网络宣传和获客,如果公司基本上在做套餐,每个月没有几个婚礼作品拿得出手,除了大众点评、美团、婚礼纪这类本地属性极强的平台可以做,其他情况下都是非常不合适做网络推广的。因为抖音、视频号、小红书、淘宝、公众号等以内容为主的展示平台都需要有大量作品才有可能让平台提供更多推荐的机会。如果你没有多少婚礼作品,甚至还想拿着别人作品去宣传,是不会有什么效果的。

(2) 只收月费或年费的不靠谱

有好的婚礼作品才具备网络获客的基础条件。如果有人告诉你,没作品也能获客,建议你更谨慎一些。当你需要选择外包公司时,你可以从收费模式来判断这是不是一家靠谱的外包服务公司。因为有些外包服务公司就是利用婚庆公司老板不懂网络营销,便把自己吹嘘得无所不能,甚至会利用竞争对手给老板制造恐惧心理来赚钱。

当你面对的是那种只收取固定的月费或者年费的外包服务,服务的内容就是帮你打理在线的账号或在线商铺,列举各种要给你优化的内容,甚至让你重视网络品牌的建设。你都要警惕,因为这里面忽略了网络宣传的最终目的——获客。有效果的外包服务会按单个客资收费或者成单金额收费,这样才是靠谱的外包服务。

(3) 在线乱承诺有隐患

如果你已经决定和外包公司合作了,那就需要让外包公司了解你们公司的详细情况,在缺乏了解的基础上,对外传播的内容是没有灵魂的。网络获客服务中很多是包含在线咨询的,如果这也是外包公司在做,那你一定要告诉外包公司不要承诺给客户太多优惠,因为他们不了解你们公司,可能会乱聊天,这样会给后续的跟进服务造成很大的麻烦。平时你们有什么活动和优惠,都要及时同步给和你们对接的相关负责人。

(4) 谨防客户资源被共享

在决定和外包公司合作之前,一定要在协议里体现“不能将本公司相关账号获取的客户资源共享给其他公司”,原因是多次被骚扰的客户不但对公司的签单成功率没帮助,反而会让客户认为你这家公司太缺德,居然把客户的信息到处泄露,这是减分的地方。所以你和外包服务公司一定要在这方面达成共识,并写进协议里。

9.

花 1 份钱赚 2 份收益

婚庆公司打造好产品和服务就是在创造价值，那么如何让好产品和好服务赢得更多客户的选择？做好营销和渠道就是在传递价值，但所有人都知道营销是把双刃剑，可以让一家公司业绩倍增，也能让一家公司加速消亡，这取决于产品和服务的好坏。

当你准备好了优质的产品和服务，准备花钱做网络推广了，你肯定会想到在大众点评、美团、婚礼纪等具有本地属性的平台开通账号并投放广告。打住，你是否想过花 1 份钱赚 2 份收益？

(1) 选择帮上游做广告

婚礼人都清楚，新人按照婚礼筹备流程的先后顺序会需要预订不同种类的产品和服务。婚庆的上游主要是婚宴酒店和影楼，和婚庆更为密切相关的一定是婚宴酒店。作为老板，你可以选择与酒店合作并帮助酒店做网络推广，最终你既帮助了酒店，也能第一时间获得客户的信息。

(2) 只做“锦上添花”的事

了解了上一点，你是不是想马上去找关系好的酒店试试？别急，因为这是有风险的。选择哪家酒店帮它投放广告不是看关系好坏，正确的判断标准是选择客户量本来就比较大的酒店合作。

判断的方式就是根据酒店在当地的影响力,优先选择与客户量大的酒店合作。

对于那种自然客户量不大的酒店,合作的意义并不大,因为你只有花同样的钱在更大客户量的酒店上才会获得更多的客户咨询。

(3) 接管账号和电话

当你确定找哪些婚宴酒店谈合作了,首先,要和该酒店签署一份酒店委托你在第三方平台进行账号运营管理的协议,主要是规避酒店将这类第三方平台账号恶意收回的风险。

其次,你要协助酒店方和第三方平台签署相关合作协议,这样你才成功拿到了该酒店在第三方平台的运营权。

最后,你需要将酒店的注册账号和密码拿到自己手里,还有咨询电话一定要是自己公司专项负责人的电话号码,这样便于自己公司的人更好地服务该酒店的客户。

(4) 用婚宴顾问方式衔接

如何既能帮助酒店获客,也能帮助自己的公司获客？这对负责接听电话或接待网络咨询的销售人员的能力有所要求,此时你需要一个让客户能够自然接受的岗位角色和转化流程。

当你的销售人员接到这类客户的咨询时,不妨让其虚拟一个"婚宴顾问"的角色,我们无需冒充酒店销售人员对接客户,可以直接告诉客户自己的公司在帮助酒店做网络运营和推广(事实也是如此)。当公司的销售人员了解了客户关于酒店的疑问后,在解答的同时,一定要找机会把自己的公司信息传递给客户,并告诉客户,为了更好地交流,麻烦客户留下微信,以便后续更好的服务。

这样就自然地将客户转化成自己公司的潜在客户了。

(5) 多曝光对应酒店的婚礼作品

这里说的曝光酒店照片不是拿其他同行在该酒店做过的婚礼

作品进行宣传，这是绝不可以的。将自己在该酒店所做的婚礼作品，加上自己的 logo，并上传到该酒店在第三方平台的案例库。

这样做的最大好处就是让客户自然地知道了你的公司的名称和作品，也帮助客户提前感知到，在该酒店的不同场地能以什么装饰风格做出怎样的婚礼作品。

第四章

立竿见影的线下获客

1.

和酒店合作的低成本方式

很多城市的婚庆公司都会遇到这类情况:有一些自家生意非常好且是当地场地较佳、消费较高的酒店会招一家常年驻店的婚庆公司,婚庆公司需要一次性给酒店几万元的费用,高的话也可能是几十万元.婚庆公司安排一个固定销售人员在酒店负责接单。一年下来,婚庆公司可能会赚钱,也可能会亏钱。懂得资金效率的婚礼人应该知道,这一次性投入的几万元在一年内只为你创造了一次价值,这就叫资金效率低。那该如何想办法赚更多钱呢?或者说,如何做更划算呢?

(1) 理清价值交换的内容

你的公司出几万元给酒店,酒店承诺给你的公司驻店的机会。言下之意,你的公司就是酒店唯一合作伙伴,除了免去酒店对外部公司设置的所谓入场费、超时费这类门槛费,你的公司可以在第一时间拿到酒店的婚宴客户信息。以上方式基本上就是你出钱购买对方的婚庆资源。

所有婚礼人都知道,和酒店合作时,最不可控的是酒店的销售人员,他们不一定按照酒店规定执行,因为他们知道自己即便是推销了其他婚庆公司,只要成交了,自己就至少有 10%的提成。你看,哪怕你的公司和酒店合作了,你的销售人员驻店了,你依然要用利益绑定与酒店销售人员的关系,既然要绑定,那10%的提成肯定跑不掉,若是低于10%,换作是你,也一定不会忠心耿耿地推荐。

(2) 增加要素并改变关系去破局

合作中的要素有:酒店方、酒店销售人员、你的销售人员、你的婚庆公司、其他婚庆公司、酒店场地。这里面的关系很难改变,对你来讲,酒店销售人员、其他婚庆公司都是最大的变量,其中你无法控制其他婚庆公司来找酒店的行为,你唯一需要解决的就是酒店销售人员这个变量。如何破局?

当这种局无法破解的时候,我们要考虑增加非变量的要素,且该要素必须和酒店销售的利益绑定。按照上面的要素来看,你可精准掌握的是酒店场地,因为每月办了多少宴席,你是可以知道的,所以需要增加一个与场地密切相关要素才行。由于自己利益很难再牺牲了,不然驻店就没有任何意义了,唯一的办法就是节约费用,将节约的钱分给酒店销售人员。

能节约的钱一定源于与酒店场地相关的高频消费的道具,你想到是什么了吗?如舞台、桁架、灯光、音响,这就是使用频率最高的道具,基本上每场都会使用。最重要的是,这些道具在不举办婚宴时也能使用,也就是在酒店承接的展会、会议等其他活动上都可以使用。

(3) 和供应商一起拿下酒店合作

看到这里,你肯定会吓到了,难道自己又要投入钱买这些道具了吗?未必,你根本不需要买。如何操作?你先和酒店沟通好,这几万元驻场费用可以出,但是要有一间固定库房,最好就在场地的隔壁,用于存放那些固定设备。酒店方若同意了,记得一定要把这些内容写到协议里。

接下来,去找一家设备供应商,让对方和你各承担一半的驻场费用。你可以用酒店所有宴席和会议场地业务作为交换条件,言下之意就是以后这个酒店的设备都找这家供应商来做。设备供应商基本上会同意。为什么会同意呢?

因为好的模式是不会牺牲任何一方利益的,你们可以算一笔账,如果酒店所有宴席和会议的设备都用这家供应商的,这种方式能够帮助他节省订单成本。最重要的是,如果把舞台桁架这种重型设备放在酒店,可以节约运输成本、搬运人员成本,如果两天连着用,还节省了搭建和拆卸的人工成本。这类成本都是我们曾经节约不了的钱。

然后,你们还要解决酒店销售这个变量,让对方成为你们的盟友。如何做?无论是婚礼还是其他活动,只要是酒店销售人员主导引荐的,都可以将设备这块的收入分大部分给对方,甚至可以把全部收益都给酒店销售。这样你就将酒店销售的收益和这家设备供应商牢牢绑定了,你和设备供应商各自赚设备以外的钱。

这样的方式也有边界,不一定适用于所有城市,更不适用于所有酒店,比较适合档次较高、会议较多的酒店。但我认为这个方式可以参考,大家做任何事在难以破局的时候,可以想办法增加这个局里面的要素,让这个要素改变当下的关系。

2.

把真实婚礼变成婚礼秀

婚礼秀的本质是做一场漂亮的婚礼让潜在客户来看。为什么这招越来越不好用了?

一是现在大家能看到漂亮婚礼的方式太多了,坐在家里都能看遍全世界的婚礼,新人的需求已经可以轻易被满足。你再声称自己公司布置的婚礼多么有创意、多么震撼,意义不大了。

二是婚礼秀能做的活动很难再吸引更多客户了,大城市的婚博会一年都有好几次,组委会带着商家基本上都在血拼,客户也相信能从中得到优惠。小城市的各种商家随时都在做活动,活动太频繁,客户就麻木了,很难相信你的婚礼秀的优惠能有多大。

面对婚礼秀效果失灵的情况,是否有更好的替补方案? 答案是有的。最好的婚礼秀就是你给新人举办的每一场婚礼。所以,当你准备好了你引以为傲的婚礼布置,不妨就把这场婚礼当作婚礼秀。我的建议有以下几点。

(1) 每月都精选一场拿得出手的婚礼,一定要提前征得客户的同意,并赠送一些额外的服务。同时,和酒店提前沟通好,联合做“某某婚礼观摩团”的活动,你有更好的名字也行,这样你就可以每月邀请潜在客户来参加活动并引导签单。

(2) 和酒店配合好，提前准备好一间鱼骨式座位的会议大厅，准备好茶水，条件好就准备水果，不要有任何装饰(浪费钱)。要有LED屏或者投影仪，这个非常重要，便于做酒店介绍和活动的开展。

(3) 到场要签到。重点来了，提前准备好类似于旅游团常用的肩贴，文案可以用“某某婚礼观摩团”，比如“找我婚礼观摩团”，这是在强调你的婚庆公司的品牌和主题，把这个肩贴贴在每个观摩客户的肩上，可方便识别，避免观摩现场混乱。

(4) 有些客户特别注重隐私，因此做此类活动必须要提前和客户说好，不能搞突袭，最重要要事先签一份协议，协议的目的是避免你觉得可能会发生的麻烦，比如肖像权问题。

(5) 观摩时间不需要太长，半小时内结束，结束后就可以邀请大家去会议厅交流。本场婚礼的策划师可以在此时分享创意灵感，让客户更好地理解你公司对婚礼的用心程度。最重要的是接下来的会销环节，我只说一点:将从众效应一干到底。

(6) 会销的结束时间一定要赶在婚礼仪式开始前结束，为什么呢？这就算是你送给观摩团客户最后的惊喜，因为你要相信，整个婚礼仪式一定会给所有潜在客户带来真实的感动。被感动了，就对了。哪怕当场没签单，回去跟进一下也就差不多啦。

3.

做婚礼秀的5个窍门

很多婚庆公司都会收到酒店邀请,希望他们去做婚礼秀。面对这种情况,你的公司做不做？不做,酒店就会选其他婚庆公司,后续合作也许就没你什么机会了;做,劳神费力还花钱,也没有多少收益。怎么办？

婚礼秀对酒店来讲,是一次邀约客户到店签单的理由;而对婚庆公司来讲,是一次制造活动让客户下单的机会,同时获取潜在客户。面对这类活动,婚庆公司老板需要考虑以下几个因素。

(1) 投入和回报成正比

千万别做雪中送炭的事情,你需要提前通过销售人员私下了解近期的客户咨询情况,如果不好,你就要谨慎了,因为你的客户本身不需要用这类活动来转化成订单。

(2) 别在搭建上花太多钱

婚礼现场的设计不建议做成婚礼的感觉,这个和婚博会一样,因为你无法确定这群消费者都喜欢什么,毕竟众口难调,现场有销售氛围更重要。

(3) 试试做成小型婚博会

酒店找你的目的是希望通过这场秀来签单,你的目的也是获客和签单，这才是你们联合的共同目的。最重要的是，客户来你这儿主要是看看有没有优惠。所以，一切都要从更利于签单出发，别太含蓄。

(4) 重视邀约的确认

为什么现在大家去参加很多展会，组委会依然会提供纸质入场券？这里面最重要的原因是与客户建立一种契约关系。如果你们能提前锁定客户，最好邮寄入场券，没有条件也可发一条正式短信，告诉客户需要回复"收到"，这也是一种心理暗示。

(5) 把从众效应一干到底

当客户回复"收到"，你就可以截图发朋友圈了，让还没有报名的人看一下。这就是在利用从众效应，可以有效提升你的邀约到店率。

在婚礼秀现场，你更要把从众效应发挥好，比如有订单了或在抽奖活动中有人中奖了，可以请主持人全场播报或放礼炮。

4.

渠道合作优先级的排序方法

每月能获取多少客户资源，决定了每个月能有多少转化率、有多少收益。很多婚庆公司为了获取客户资源，容易在没有想明白的情况下盲目投入费用去合作和打广告。比如有些婚庆公司直接花十几万元甚至几十万元承包酒店的婚庆业务，有些公司会安排员工常驻酒店谈单，有些公司选择在微信朋友圈投放广告，有些公司在抖音投放广告。想知道到底哪些合作方式是利于婚庆公司的，哪些广告是有机会也不能投的，你得先明白一个叫"资金周转率"的词。

什么是资金周转率？通俗来说，就是你投入的费用需要多久能够让你回本和赚钱。我们来看看以下两种情况。第一种情况，你花 5 万元承包了某家酒店的客户资源，你和酒店签约合作期是一年，如果这 5 万元回本需要半年的时间，那你后半年才开始赚钱，这说明你的资金周转率很低。

第二种情况，你花 5 万元投了百度推广，当月就获取客户 50 个，并签单 10 个，客单价 2 万元，在毛利润为 40%的情况下，你赚了 8 万元，去掉 5 万元广告费，你净赚 3 万元。按照这个逻辑，你每月只要投 5 万元，就能赚 3 万元。这个例子是按月计算的资金周转率，上面那个例子是按半年计算，对比起来，同样是 5 万元,和酒店合作一年周转 2 次,用百度推广一年周转 12 次,这就是资金周转率不同而导致的截然不同的效果。

上面两个例子的资金数字和渠道并非真实情况,仅仅用于举例说明。

当你明白“资金周转率”这个概念以后,你就会区分什么渠道可以多做,什么渠道不能做了。

尤其是那些投资婚礼堂的朋友,一定要算一下账,当你想投 20 万元时,有没有资金周转率更高的渠道值得你去做?那些在酒店一次性交完驻场费用的老板,请考虑一下,这个钱什么时候能回本,是否有更好的渠道值得你投入?

有些酒店的驻场合作是按成交额 10% 返佣,说实话这是不错的方式,在成交前,你没有任何资金投入,成交后才给钱,这资金周转率极高。

在拥有同样规模和利润率的情况下,如果资金周转得快,就相当于你赚钱的速度比别人快。假定其他条件不变,赚钱速度越快,这家公司最后的利润率肯定越高。

最后,一句话讲明白,凡是一上来就要花钱的渠道需谨慎,凡是按成交量付费的渠道都可猛攻。

5.

异业合作的 4 个核心操作

所谓异业合作,就是你和与婚庆相关的其他商家合作。我们公司从 2014 年开始,一直在摸索如何把异业合作做好,说实话能做好这个不容易。一开始双方谈得非常好,最后却不了了之,这种情况非常常见。

我结合我们公司这么多年的异业合作经验,给大家分享一些有效的建议,希望能帮到各位。

(1) 利他是异业合作的基础

当你主动想找他人合作,你要想到你对别人有什么价值,能给别人带来客户还是钱? 为了便于更好的合作,最好要有利他的思想,也就是你要在保证自己的有效利益的前提下,尽最大可能满足别人的需求。

在开始合作以后,如果在合作中遇到问题,一定要区分清楚对方是否有意而为之,当然自己的员工也是如此。

合作前达成共识,明确合作是基于双方的信任之上的,后续遇到问题时才能妥善解决。

(2) 不同阶段有不同的合作方式

要认清自己的公司处于哪个阶段。如果你才开始涉足婚庆行业,基本上没有异业合作的优势,你可以去找和你处于同一发展阶段的伙伴合作,相互推荐,共同成长。

如果你已经拥有不少客户资源,你可以尝试往上游争取主动合作,比如影楼和珠宝,因为你有部分潜在客户能提供给对方。

(3) 针对不同异业有不同的合作方式

针对婚庆行业下游的异业,比如婚车、酒水、婚品等,这就是公司可以实现变现的地方,因为对方也没有客户可以推荐给你,对于这种我们就可以收取"固定月费+有效奖励+成交返佣"。

针对可以相互导流的异业,如果是你给人家导流,比如婚纱和西服,你可以收取"固定月费+有效奖励+成交返佣";如果是人家给你导流,你就要给人家"有效奖励+成交返佣"。

针对婚庆行业上游的异业,比如影楼和珠宝,你就需要给人家"固定月费+有效奖励+成交返佣"了;当然你可能也有少量客户介绍给人家,那就是"有效奖励+成交返佣"。

(4) 及时反馈是成功合作的源动力

无论你与什么样的异业伙伴合作,都需要把双方员工的积极性调动起来,即使合作再密切,员工执行不到位也等于白搭,因为异业合作的成交最需要的是员工的推荐配合。

在设置有效调动员工积极性的办法上,我们的操作如下。

①双方开始合作时就把双方销售人员拉进群,采用抢单模式,也就是谁抢到单谁就负责添加客户为好友并跟进。

②判断推荐有效后,相应员工应告知老板,老板应发红包作为奖励,这个红包谁推荐谁领取。这样就是在给销售人员及时的反馈,同时让其他同事看见,作为一种提醒。

③成交后,再次在群里公开成交情况,老板再次发红包奖励给推荐的销售人员。

④结算佣金的时候,公司按照规定给相关的销售人员提成,让其第三次拿到奖励。

你看,如果推荐的客户成交了,销售人员可以得到三次收益上的反馈,这种反馈就能对销售人员形成正向激励,同时也能激发其他销售人员产生动力,这就是及时反馈带来的好处。

6.

求婚是婚庆引流的好方式

如果你有很多婚庆的道具,建议你可以做求婚业务,除了能把道具的使用率提升起来,还能获得这个品类的案例并继续用于获客。

(1)可以错开婚礼来做

这是一个不会和婚礼冲突的项目。求婚就和婚纱照类似,除了七夕节和情人节是超级火的日子,原则上不太需要特别挑选日期,还可以向客户建议执行求婚的日期,这样就可以错开婚礼的执行。

(2)将道具使用率提高

正是因为可以选择非节假日求婚,公司仓库里的那些道具就能拿出去变现。

(3)从熟人开始

这里的“熟人”可以是你身边的朋友,更可以是你服务过的新人的伴郎伴娘。很多人想做伴郎伴娘的生意,却很难成功,原因在于等到他们结婚时已过去很久,他们已经忘记了你这家公司。如果你以免费策划求婚的方式提前锁定伴郎,求婚成功的案例基本上也是你的业务了。

(4) 利于在第三方平台获客

给求婚业务单独取一个品牌名称,随着求婚案例有了积累,你可以在大众点评、美团、小红书、微博、抖音等第三方平台开设求婚策划服务的账号。随着求婚案例越多,你的公司被曝光的机会也就越大,这样你就可以提前锁定潜在客户。

(5) 针对现场的亲友再次获客

求婚除了场地布置,其他环节的互动性都非常强,这也给了你与双方亲友接触的机会。这里要有一个互惠的策略,比如你可以告诉亲友这场求婚多少钱,15%可以作为亲友求婚的减免折扣,这样又可以锁定潜在客户,并在日常通过朋友圈案例加深对其的影响。

7.

绝杀婚博会签单的方法

(1) 做一个至少5年都不变的展位设计方案

为什么要这么做?第一,重复能让你的展位和品牌更容易被记忆,也就能脱颖而出。你细想,那些参加婚博会的新人中,有些人不是第一次参加就消费,可能会参加好几次,如果你的展位设计一直保持不变,肯定会加深那群客户的记忆。第二,节省设计成本和搭建成本,为了婚博会而花很多精力在设计上真心不值。如果有个5年方案,每年在搭建方面轻松应对,还能通过回收物料降低搭建成本。第三,每年都想推出创新方案,有必要吗?没必要,新创意层出不穷,但如果客户感知不深,还不如重复。

(2) 品牌要醒目,展位要足够亮

很多公司为了追求艺术和创意,一个一百平方米的展位上,居然连品牌名称都不容易看到,这是最失败的设计。花那么多钱,连品牌的广告费都没赚回来。展位上最关键就是公司的品牌名称,要让客户一眼就能看到公司的品牌,不然连知道你的品牌的客户都很可能跑去别家展位;而不熟悉的人看到了也能增强记忆。补充一句,一定要直接展示你的中文品牌,除非你的英文品牌很牛,原因请查看前文。

门头一定要特别亮，原因是人类是喜光的动物，那些商场铺面或者路边门店，生意差的基本上是门头不怎么亮的。展位也要特别亮，里面的灯光不要用暖色调的光，要尽一切可能照亮你的展位。

(3) 不要让布置占据太多地面空间

你的展位每平方米都要花费几百上千块钱，因此不能浪费。展位要尽可能多摆桌椅板凳，目的就是让更多客户能坐进来，客户只要能坐进来，你就有了签单的机会。

一句话讲明白：好用比好看更重要。

8.

让婚博会展位更有人气的方法

在婚博会参展的行业中，婚纱摄影品牌有很多值得我们学习的地方，比如他们就把门头照得很亮，展厅也用的是白光，还把招牌展示得非常显眼。但最重要的仍是把心思多花在签单上。

说到签单，不得不说下我梳理出来的“婚庆销售漏斗”模式，即：新增→有效→邀约→到店→签单。把这个模式放在展会来看，你只需要做后面三个环节。但是很多老板把“邀约”放在了婚博会前，也就是只邀约自己原有的客户，却没有将婚博会的流量最大化地转化，更没有去做流量私有化。

如果你只依靠自己邀约的客户来签单，再算上你的客户存在可能被截胡的概率，那签单率就不会太高了。你必须要去抢婚博会的流量。很多老板在婚博会上都让员工在自己展位上坐着。基于婚博会的游戏规则，你不能在场内拉客，你唯一的选择就是让员工去展馆外提前为展位拉客。这就是非常重要的一步。

接下来，就是提前私有化流量，即你得在客户进展馆之前就获取客户的信息，比如留个电话、加个微信，这对员工的能力要求非常高，俗称地推。地推除了需要员工的口才和胆子，还需要你找准自己的卖点，让客户心甘情愿配合你，你可以通过互惠的方式激发客户的兴趣。

最后，需要保证你的展位的人气，没有人喜欢冷冷清清的地方，冷冷清清说明你这家品牌不行。婚纱摄影公司就会请很多群众演员，这就是在利用从众效应。你需要想办法让你的展位有人气，比如做点吸引人气的互动游戏，举办一个免费抽奖活动等。还有一点，是我从奶茶店学来的：客户少的时候，做奶茶就做得慢点，客户多的时候就做得快点，尽量保持有顾客站在门口。把这个延伸到我们展位上，即在座位没坐满的时候，就和客户谈得慢点，尽量把客户留在展位，在人多的时候就谈快点。

9.

婚博会中快速签单的 7 个步骤

首先抛一个问题:你觉得在婚博会中,签订单重要还是获客重要(必须二选一)? 很多人肯定认为签订单重要,但我个人认为获客更重要。有人肯定会说,万一客户订了别人家,你获客有什么用? 确实如此。那有没有更高级的获客方式? 答案是:有的。

(1) 精准获客比签订单更重要

如果是按照日常的模式来,肯定就会错过很多获客的机会;如果只是为了获客,那自己又会损失很多下订单的客户。必须要有一个折中方案,以达到这个目的:获取更多精准客户,且这些客户又不订其他婚庆。

想要达到这样的目的,需要在接下来的步骤思考如何筛选出精准客户以及如何确保客户不订其他婚庆。

(2) 用沉没成本锁定客户

人民币就是精准客户最好的筛选器。客户到你这里,无论你讲再多,客户最终没付钱,那他极大可能会成为别人的客户,所以必须让来到你这里的客户完成付钱的动作。

一旦让客户掏了钱,客户就会认为自己完成了一项任务,会放弃花时间继续比较,这样就减少了给其他婚庆的机会。

(3) 把获客成本变为下单礼品

任何渠道都有获客成本,面对婚博会的流量,你需要将展位费和搭建费核算出来,再除以你计划获取的精准客户数量,此时可以得出展位费在每位客户上的均摊成本。

由于这类精准客户具有排他性,其真正变成下订单客户的转化率一定比平时要高。就需要你从订单成本倒推出获客成本,以获客成本的相应数额去购买礼品。

(4) 让客户损失心理为零

按照上面的逻辑,婚博会的订单规则大概就出来了:告诉进店客户本次婚博会由于时间原因,没办法详细沟通方案和确认价格,今天可交 500 元订金订婚博会专属优惠活动,这 500 元还可以抵一定金额的服务费用,后面到公司见面,若沟通不顺利或出方案后不满意可全额退款,如果客户还不订,可以再送价值 500 元礼品。

为了快速让客户下订单,你不可能花太多时间给客户聊需求谈方案,要让客户知道你家婚礼效果如何,性价比如何,服务如何。(这三个话题就是证明题,可翻阅之前文章),解决客户的信任问题后,才能让客户尽快花钱订下优惠活动。

500 元抵多少钱呢? 抵 2000? 抵 3000? 你需自己测算,主要是要让客户知道这个活动很优惠。当然还可以叠加其他的活动,比如订套系打 9 折,定制送桌花等,为了成本考虑,可以叠加更多异业合作的礼品。

最关键的就是"到公司见面,若沟通不顺利或出方案后不满意可全额退款",这就能打消了客户的大部分顾虑,就像淘宝网的七天无理由退货一样。为什么要到公司见面才能退? 这点一定要写进订金协议,原因就是婚博会现场只是精准获客,客户到店了才有你争取客户真正订单的机会。

按照这样的方式,客户在经济上是没有任何损失的。如果客户还犹豫,再送他一份价值 500 元的礼品。言外之意,客户不仅可退钱,还白赚一份礼品。这将显得你的公司更有诚意,基本上就不会被客户抗拒了。

(5) 送礼品要用个人名义送

婚博会的礼品算是最后拿下客户的必杀技,但也不能让销售人员轻易送出去。优秀销售人员应该给客户的感觉是"我觉得这家公司不错,我极力推荐你选择",就是把"我"和"公司"区分开。

当有这样的区分后,送出这份礼品就应该采用"互惠"的原则。什么是"互惠"?比如销售人员说:"我还差一个订金就完成任务了,请你帮我一个忙,我给你申请一份礼品。"这就是互惠的方式。

在这样的语境下,不仅把"我"和"公司"区分开了,也拉近了销售人员和客户之间的关系。

(6) 礼品要大且等价

为什么礼品一定要大?礼品大有两个好处:第一是从众效应,第二是制造麻烦。礼品大,辨识度就非常高,新人拿着礼品会十分吸引他人注意,增加他人想了解你的公司的概率,这就利用了从众效应;礼品大还会让人觉得更值钱;当然,最重要的是,因为大就给新人制造了不便拿更多礼品的麻烦,也会让新人觉得拿着礼品不方便去逛更多展位,这就减少了客户再去看竞争对手的展位的可能性。

为什么礼品要等价?做企业一定不能忽悠客户,因为这是诚信问题,且咱们这个快速签单的方式并非最终确定的订单。如果客户回去后发现你的礼品没有诚意,这就弄巧成拙了。

(7) 将从众效应用到底

在群体活动中,基本上每个人都难逃氛围的干扰,在这里我推荐婚礼人看看《乌合之众》这本书。人到群体中,为了获得认同,个体倾向抛弃是非,去换取那份让人备感安全的归属感。

你可以说:"看,别人也预订了我们家。"让客户觉得不订你家都有愧疚感,甚至看到别人拿着礼品,自己不拿就是吃亏的感觉。从众心理是我们在婚博会上要好好利用的一点,但一定要正确运用,不要有坑蒙拐骗的行为。因为最终客户回到家中都会恢复理性,若他们认为你是奸商,则得不偿失了。

第五章

一名销售一年签 300 单的秘密

1.

销售人员的三层境界

你有没有发现和有的人聊天特别让人舒服，而和有的人聊天经常会让你觉得无语？从浅层来看，是说话技巧的问题，从深层来看，反映的是一个人如何看待关系。而对于销售人员来说，重点就是理解自己、客户和公司三者间的关系。

（1）初级销售人员：关于婚礼的一切，和我沟通就行

这类销售人员给人的感觉就是目中无人，认为这家公司都是自己的，容易把话说得很死。他们在和客户交流时，会说："你这价格，在我们公司绝对做不了。"或"你有什么需求，跟我说就行，能做就做，免得耽误你时间。"这类销售人员忽略了"权力有限"策略。作为销售人员，如果你让客户觉得你就是这家公司的老板，客户要和你砍价都会没有商量余地，这样容易把客户谈丢。

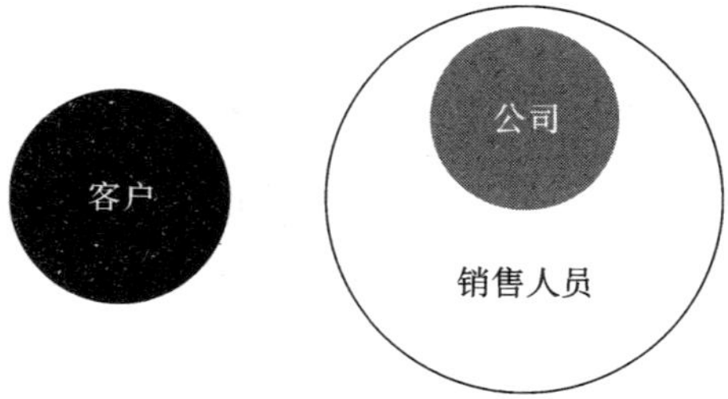

所谓权力有限策略就是一定要让客户清楚,很多事情是你自己无法决定,需要请示上级,这样就可以给自己留下回旋余地。采用权力有限策略,你可以说:“稍等,我去找我们老板申请一下礼品。”“我马上给我老板打电话,看看能否为你争取最后一个优惠名额。”甚至说,“如果你确实想预订,我才好去向老板争取优惠,不然我也很难做啊。”这都是把自己的决策权力弱化的表达。

(2) 中级销售人员:我们公司很好,值得你拥有

这类销售人员经常让客户觉得,他只顾着说自己公司多好多牛,永远站在公司的角度和客户解释。对客户来讲,他们不需要别人告诉自己这家公司哪里好,他们更想知道你凭什么说公司好,或者客户凭什么信任你这家公司。

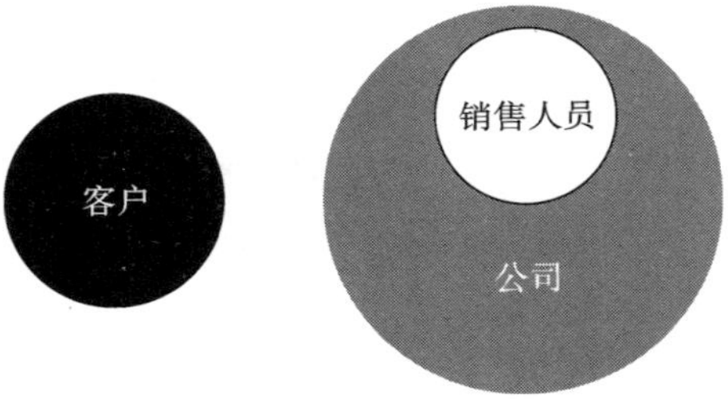

想让客户更信任一家公司,最重要的是你能证明这家公司是值得被信任的。客户在乎三点:婚礼效果怎么样,性价比高不高,服务好不好。针对这三个点,你需要分别在你们公司上找到证明,一点一点向客户表达清楚,就像剥洋葱一样,一层一层地让客户知道为什么,这样更容易赢得客户对公司的信任。

(3) 高级销售人员:这家公司做得不错,我介绍给你

这类销售人员很好地处理了自己和公司、客户这三者之间的关系。他们会先证明自己是靠谱的,和客户建立信任关系,把自己变成签单的证据;接着会告诉客户自己为什么喜欢这家公司,是什么原因吸引自己加入了这家公司，让客户知道在自己心中这家公司的魅力和亮点；最后才表露出，和客户聊了这么多，自己已经清楚了客户的需求，也觉得这家公司各方面是与客户的需求匹配的，所以自己推荐客户放心预订。

这就是把自己和公司之间的关系变成了独立关系，自己的意见是一个非常客观的意见，同时自己又珍惜和客户之间的关系，是否合适仅供参考，反正自己觉得是合适的。这样更容易赢得客户的信任。

2.

统计数据帮助销售人员成长

很多传统婚庆公司的经营者在数据管理方面都比较粗放，这样不利于自己发现公司运营中出现的问题，更不利于自己的经营决策。没有数据的收集，老板基本上就是仅凭感觉在做经营管理。你可以根据以下建议去绘制几张表格，相信能帮你看到不一样的公司问题。

(1) 销售人员应每天上报这些数据

新增客户量、有效客户量、放弃客户量、邀约客户量、进店客户量、签单客户量，这些数据是每个销售人员每天都要填入 Excel 表格的“列”里面的，“行”就是每天的日期。通过这张表就能监测每个销售人员的跟进节奏和跟进效率，以及客户的转化率。

分析日期	新增	有效	潜在	过程放弃	直接放弃	预计到店	实际到店	订单
5月1日	1	0	0	0	1	0	0	0
5月2日	9	1	3	1	4	0	0	0
5月3日	20	1	7	0	12	0	0	0
5月4日	7	1	1	0	5	0	0	0
5月5日	24	0	11	1	11	0	0	0

(2) 登记渠道数据,实现精确化

在“列”这一栏,可以增加渠道名称,比如酒店、新人介绍、婚礼现场、微信公众号、大众点评、美团、婚礼纪、微博、抖音……。公司的管理者需要掌握订单渠道的状况,不然都无法知道哪些渠道好,更不知道哪些渠道该花钱和哪些渠道不该花钱。

每日到店渠道统计

分析日期	朋友	微博	婚礼人	抖音	公众号	点评	美团	合计
4月30日			1	1			1	3
5月1日	1							1
5月2日		1	1		1	1		4
5月3日				1			1	2
5月4日				1				1
5月5日	1			1	1			3

(3) 第二张表做动态数据

前面这张表可以命名为“每日数据统计表”,这是需要每天手动填写的。第二张表是供你分析数据用的,“行”依然为日期,“列”这栏为有效率、放弃率、邀约率、进店率、订单率的自动数据统计。通过这样的数据就可以看出一个销售人员的工作状态。

分析日期	新增有效率	有效邀约率	预计到店率	到店签单率	有效订单率	过程放弃率
5月1日						
5月2日						
5月3日						
5月4日						
5月5日						

(4) 第三张表做数据分析

前面两张表都是你的基础表,在第三张表中你可以按周选择并分析销售数据,也可以按月进行分析。还可以按周或按月分析各种转化率,以及分析订单来源渠道的占比。

分析日期	新增有效率	有效邀约率	预计到店率	到店签单率	有效订单率	过程放弃率
5月合计	44.72%	7.27%	700.00%	3.57%	1.82%	5.45%
6月合计						
动态合计	44.72%	7.27%	700.00%	3.57%	1.82%	5.45%
5月11日	52.05%	15.79%	100.00%	50.00%	7.89%	7.89%

(5) 基于每个销售人员做汇总统计和分析

上面四点都是基于单个销售人员做的数据登记和分析。作为老板,你可以继续根据每个销售人员的表格,进行汇总和数据分析。表格可以让你更直观地了解不同销售人员的能力、工作效率、订单转化率,还能知道哪个销售更擅长在哪个渠道的签单。

3.

这笔钱一定不能省

你是否曾遇到这类情况？新销售人员入职后，公司每月给其报销100元话费，让其用自己的手机和微信跟进客户。某一天这位销售人员离职了，销售人员就只是把未执行的订单交接了，你可能不以为意，也可能束手无策。之前我在盘点公司能增值的资产里就写过，一部手机的钱，你还真不能节约，理由如下。

(1) 转介绍是重要渠道

婚庆公司想持续盈利，除了追求更多订单或更高毛利率，最重要的是降低成本，尤其是获客成本。老带新，也叫转介绍，这是我们行业获客成本、时间成本和订单成本最低的方式。如果你失去了原有手机和微信中的老客户，你就损失了转介绍的机会。

(2) 朋友圈是长时间累积的资产

微信除了因为有潜在客户和获得转介绍的机会，还有朋友圈里通过长时间累积下来的赢得客户的信息。里面有销售岗位的人设，也有案例、公司口碑和公司品牌的呈现。这些都是需要员工花时间才能建立的信任基础，如果被带走，对你的公司来说意味着前期这些铺垫被清零了。

(3) 电话号码是关系连接器

一般把微信和电话号码绑定是最安全的状态，如果你只重视微信，而忽略了电话号码也不行。销售人员日常和客户常需要通过电话沟通，也会成为你公司与客户的连接器。如果你失去了这个电话号码，转介绍获客的概率也将减少。

最后，我替你算一笔账。假如你给销售人员配了一部手机，考虑到性能问题，就买 4800 元的手机，使用两年，每年成本为 2400 元，每月成本为 200 元，话费每月 200 元，合计每月 400 元，这就是你的成本。如果每月能签一个单，你觉得怎么样？

4.

微信上跟不丢客户的方法

你是否遇到过这样一种情况:你初次和客户电话交流之后,加上了微信,随着好友越来越多,你却不知道该跟进哪些客户,和某个客户说好了下周五联系对方,结果忘记了。因为自己遗忘而跟丢了客户实在太可惜了,每个客户都是有维护成本的,再加上渠道和销售的时间成本,就更不划算了。

如果你没有客户管理系统,你可以利用微信通讯录和备注功能,让其成为辅助你管理和跟进客户的CRM系统。在备注名称方面有个讲究:先共性,后个性。当你把备注功能用好了,你就拥有了简单高效的客户资源管理方式。

(1) 通讯录就是你的CRM系统

仔细观察,通讯录是按字母A到Z排序的,#号后面是按照符号和数字大小排序的。这样的排序对我们有什么用呢?

按照婚庆的销售漏斗"新增—有效—邀约—到店—签单",我们可以把客户这五种状态备注在其名称里,这样就便于你去搜寻和跟进,由于微信名称备注有字数限制,所以你可以精简成一个字,如"有效"精简是为"效","邀约"精简为"约","到店"精简为"店","签单"精简为"签",还有放弃的客户可备注为"弃",如果你还想区分没有订酒店的潜在客户,你可以备注为“潜”。

(2) 客户状态要作为备注名的开头

备注微信名称有个规则,即先备注共性的信息,比如客户状态、婚期,再备注个性信息,比如客户名字、客户婚宴酒店。按照这个规则,客户的状态就应该备注为名称第一个字,这样就特别方便你在聊天栏识别,看到“潜”就知道需要关心这个客户什么时候订酒店。

这也会方便你在通讯录集中跟进客户,通讯录右侧有字母导览,你可以通过字母快速找到与分类状态相对应的客户。

(3) 在客户状态后备注其婚期

备注原则是:先共性,后个性。婚期是数字,数字是按照由小到大的数字进行排序。这样就进一步帮你进行了归类。婚期的备注形式一定是这样:210101。前面两位代表年份,中间两位代表月份,后面两位代表日期。这样是为了便于微信自动排序,让你更方便地查看信息,还能让你知道去跟进那些婚期更近的客户。

(4) 在婚期后面备注渠道

渠道也属于共性信息,备注渠道便于你第一时间回想起这个客户来自什么渠道。同时你也可以通过渠道知道这个客户是否属于重点跟进的客户,比如转介绍的客户,肯定是重点跟进对象,如果不备注,你就忽略了这个非常重要的信息,很可能因为重视程度不够而失去这个客户。

渠道备注也是一个字,比如:“酒店”精简为“酒”,“微博”精简为“博”,“小红书”精简为“书”,“抖音”精简为“抖”,“转介绍”精简为“转”,“影楼”精简为“楼”……。对此,你需要自己列一个表格,让所有销售人员按照统一的格式进行备注编码。

(5) 添加客户为好友后尽可能完善名称备注

无论是客户主动添加你为好友,还是你主动添加客户并成为其好友,你要做的第一件事就是备注名称,比如“效210501书-5W喜来登-小倩”这代表这是个有效客户,婚期是2021年5月1日,渠道是小红书,预算5万元,喜来登酒店,称呼她为小倩。这个算是比较完整的信息了。一般也有没这么完整的,有可能客户几乎没给什么有效信息,如下:“潜-书-小倩”,这代表这个从小红书过来的客户婚期还没确定,名字叫小倩。

(6)跟不丢客户的秘诀是利用好微信的提醒功能

当你和小倩交流后,了解到她还没订酒店,她可能想预订2021年10月的酒店,此时你就该修改备注了,改为“潜2110书-小倩”。当你以后看见这个备注,就知道需要向她推荐酒店,或者和她交流的信息就集中在酒店预订这方面。

比如今天是6月21日,你和小倩沟通后得知她可能会在下周周末预订酒店,此时你应该在下周六再关心一下小倩。这个时候微信有个提醒功能就能帮到你了,长按住与小倩交流的关键内容,在各项功能中有个“提醒”,这就是微信给我们销售人员提供的宝藏功能,你可以把提醒日期设置为6月26日(星期六)或其他时间。

(7)搜索“服务通知”快速直达“所有提醒”

你可以通过微信搜索框搜索“服务通知”,里面能显示“所有提醒”,微信已按照你设置的提醒时间的先后顺序对信息进行排列。

你的工作就是把之前设置的当天提醒要跟进的客户全部联系一遍,并根据客户的情况变化决定是否修改名称备注,再根据客户的情况设置下次的微信提醒时间。

(8)用好标签功能,精准管理和运营朋友圈

作为一名合格的销售人员,标签功能是必不可少的工具,你可以将客户情况按照销售漏斗模型的节点进行分类,分为新增、有效、邀约、到店、签单,除此之外还有潜在、放弃。

当你在做备注的时候,顺便就可以把标签根据备注的情况进行统一分类,这样有两大好处:一是让你快速了解不同状态下的客户情况,可以快速跟进客户;二是让你做到根据不同状态的客户做不同的朋友圈内容推送,这样就能让不同状态的客户看到你推送的不同内容,便于你更精准地用朋友圈运营去向你的客户营销。

标签还可以给同一个人做多个标签,比如你还可以做一个价格区间的标签:2 万元以下、2 万元~3.5 万元、3.5 万元~5 万元、5 万元~8 万元、8 万元以上(这个区间仅供参考)。

(9) 其他重要信息可备注到“描述”里

在“描述”一栏可以备注客户的电话,也可以备注你觉得特别重要的客户信息。这类信息都可以通过微信顶端的搜索栏进行关键词搜索,让你快速找到你想要的信息。

5.

客户不交钱就不出方案

有些城市的婚庆业竞争特别激烈,为了赢得客户的订单,已经拼到在客户不交任何定金的情况下出方案,这是极其不明智的,主要原因有以下 4 点。

(1) 不交钱的本质是不信任

你想,你通过微信聊了那么久,到店也谈了那么久,如果客户还是不预订,只能说明客户不信任你或公司。你需要找出不信任的原因,无非也就三点:婚礼效果、性价比和服务。然后对症下药,把自己的实力证明给客户,没有信任基础的后续服务很容易扯皮。假如你觉得自己都做好了,客户依然不下单,你可以用一些营销活动刺激客户。

(2) 给自己制造了沉没成本

假设你为了赢得客户订单,选择先出方案,其实基本上就放弃了签单的意识。然后你就开始花时间和客户交流婚礼需求,并着手做 PPT,甚至画图,还要给客户提案。

在你花了这么多时间后,客户已在这场交易中占主导权,如果他真的喜欢你的方案,很可能会压价。而你在过去付出了这么多,如果在这个时候丢失了这个客户,太不划算了,所以你已经给自己制造了很多沉没成本。

(3) 让客户没能得到最好的方案

如果你打算以不收钱出方案的方式赢得订单,你可以想象,你的竞争对手也会这么想。同质化的竞争激烈下,其实你和其他商家也坑了客户。为什么呢?交钱后做的方案和不交钱做的方案肯定会不同,影响最大的因素是准备方案的时间,花费较长时间做出的方案肯定比短时间内做出的要好,因为你可能还在和竞争对手拼时间。下次遇见这样的客户,你可以把这点分享给他们,相信客户也懂得这方面的道理,只是一时没想到。

(4) 让竞争对手更有可趁之机

如果你遇上了一个聪明的竞争对手,他不想出方案,还想赢得订单,又了解到你给客户出了方案,他肯定会告诉客户:"赶紧把方案拿我看看,我给你报个价,方便你对比。"客户一听觉得他还挺有诚意的。他会怎么报价?当然会报出一个特别低的价格,等拿到订单再说。

所以,谁先出方案,谁吃亏。

在竞争中,想要判断自己的方法是否可行,有个简单的标准:这个方法是否降低了整个市场的交易成本。如果不是,请慎重。当然以上内容有个前提,你的方案是真正的定制方案,而不是为了忽悠客户而随便做的一个方案。

6.

不要成为客户首家到店目标

你是否遇到过这样的场景:你和客户聊天一直聊得挺不错的,突然某一天客户主动告诉你她准备明天来你们门店看看,你非常开心地回复了:“好的,期待明天和你见面。”并把门店的位置发给了对方。

第二天你的客户如约而至,客户到店就说太喜欢你们家设计的婚礼了,因此自己第一家就到访了这里。接着,你们聊得非常开心,也交流了具体的想法,甚至还谈到了具体价格。你满怀欣喜地以为可以收款签单了,结果客户告诉你,今天还约了其他公司,需要再去其他公司看看。

你的心情 180 度大变化,无论你怎么使用各种“临门一脚”的谈单技巧都没用。最终你妥协了,还强忍着难过和客户说:“考虑真周到,建议多对比。”

后来你也清楚了,这种来了又走的客户大部分很难签单了。在这种情况中,你到底哪个环节没有做对呢?答案就是你是客户第一家到访的婚庆公司。

天啊,成为客户第一家到访的婚庆公司,还不好吗?真的不好。为什么?我继续给你说说上面故事的发展。你的这个客户去了第二家公司,第二家公司的销售人员也是非常热心地接待了她,这位销售人员也会非常自然地询问客户一些情况,其中就会问道:“你目前看过哪些婚庆公司啊?”客户会自然而然地告诉这位销售人员看了哪些公司。

问题就出现在这儿,如果你知道客户已经看过哪些婚庆公司,你会怎么办?此时你已经知道你的竞争对手是谁,客户喜欢的风格大致是什么,客户的预算是多少。当你掌握了这类信息,你可以针对性地瓦解客户对其他竞争对手的选择意愿。你看,往往看似很小的细节,却成为你签单中至关重要的地方。面对这种问题,如何破解呢?

(1) 尽量不要让自己成为客户到访的第一家婚庆公司

当客户表示想来你家看看的时候,你要自信地告诉客户:“为了便于你更好地决策,建议你可以先去其他婚庆公司看看,你可以多对比,但别急着交订金,对比多了,你心中就有数啦,毕竟一生一次的婚礼还是要谨慎选择,货比三家总没错。”接着再告诉客户:“看完其他家后,你再来看我们家,更有助于你掌握不同公司之间的优缺点,反正我们不怕比,哈哈。”

上述话术的目的就是让客户知道你不怕比,也真诚建议客户来之前多对比。客户总不至于无休止地对比,因为大多数人对比越多就越不理性,就直接选择最后一家签单,所以你要努力成为这个最后一家。这个是有理论证实的,很多女性逛街逛了几个小时最终因为不想空手而归就随便买点东西回家,这个叫“沉没成本”。

(2) 即便客户要对比,也要教会客户如何正确对比

当你成为客户第一个到访的婚庆公司,这意味着你可能成为客户后面到访的婚庆公司销售人员眼中的靶子,你的胜算没有后面公司的胜算大,这就是所谓的“知己知彼,百战不殆”。

但如果确实遇到了这种情况,怎么办?答案就是你要引导客户正确地去做对比。有人肯定会说:客户会听你的吗?这个重点在于你是不是很真诚地帮助客户,做销售人员最重要的就是真诚。建议你非常坦诚地告诉客户:“如果你还要对比的话,我作为过来人和行家，我教你如何客观对比每家公司。方法就是你去任何一家婚庆，都不要说自己看过其他公司，这样你就可以在一个标准里去看每家公司是如何对待你的婚礼和进行报价的。”

你看，这些话是非常客观的，你也不是为了争取自己的利益，这对客户只有好处没有坏处。当你表达出这样的意思，客户没有不接受的理由，你也能尽可能避免自己公司成为下一个公司的“靶子”，能让客户更客观地对比，你依然还有胜算。

7.

能签单就是你做证明题的能力

新人最终是基于对某家公司的信任而下订单,公司的所有产品、营销等就是在做这道证明题,客户会在心中给自己关注的每家公司评分,最终选择得分最高的那家。

客户最关心的是这家公司靠不靠谱,婚礼效果做得怎么样,性价比高不高,服务好不好。那整个公司都要围绕这几个点去证明。

首先应该拿自家的作品去证明,你会发现,大家都会拿出最好的产品给客户看。当然这里面就分为真假作品,在这个信息如此透明的时代,不建议大家拿别人家作品冒充,一旦被客户识破,你所做的一切都会导致信任崩塌。

你有了好作品,在传播的时候,你得想办法证明这个作品是你家的。证明的方式有公开作品的婚期、婚礼酒店、婚礼团队、效果图和设计理念等。

当客户来咨询了,你得继续证明。销售人员不能说那种特别空洞的话,比如说"我家公司好""我家服务好""我家性价比高"。这种话很难赢得客户信任。

你应该向客户证明凭什么你家口碑好,此时你就要拿出其他客户给你们发的红包、其他客户给你们发的感谢话语、其他客户给你们在第三方平台的评论(一定要真实)。这就是你的论据,这类论据必须是客观真实的,把这些呈现给你的客户,就会进一步赢得他们的信任。

公司全体同事应该随时收集这类证据,有些用于传播,有些用于销售,这样你就可以在遇到不同场景和不同客户的时候使用。

8.

如何向客户证明婚礼效果是靠谱的

客户最终选择一家婚庆公司都是基于信任，信任又是建立在客户对你家婚礼效果、性价比、服务产生认可的基础上。你能赢得客户的订单，就在于你如何证明自己公司的婚礼效果、性价比和服务是优于其他家的，所以这就是一道证明题。

在婚礼效果方面，很多婚庆公司在朋友圈发的案例或者给客户现场看的案例都是别人家的，更有甚者在大众点评、婚礼纪、小红书等平台发的案例也是别人家的，这就是他们到处花钱去宣传却没效果的原因，因为客户一看见案例就能识破。

在信息如此透明的时代，你能找到的案例，别人也能找到。

（1）建立官方平台

找我婚礼为什么要花那么多钱自己研发 App、小程序、手机网站、电脑网站，因为这可以帮助公司解决信任问题。无论客户通过什么渠道知道我们，都可以非常方便地通过这些渠道了解公司的案例。我们的同事无论在哪个地方接触到客户，都可以很方便向客户展示公司的案例。

（2）公开案例让客户增加信任

当我们把做过的婚礼作品公开在官方平台上，客户便不会怀疑这些案例不是我们的。每新增一个案例都是在增加公司的信用飞轮。

(3)呈现视频以解决客户对照片作假的质疑

以前我们一般不会展示视频,但销售人员那里反馈客户特别想看视频,后来我们发现真正的原因是客户觉得照片拍得太好了,担心是被PS处理过的。我们能做的就是满足客户需求,这又进一步巩固了客户对婚礼效果的信任。

(4)公开效果图让客户知道我们的还原能力

照片有了,视频也有了,客户疑问又来了,认为我们这两样都是卖家秀。于是我们选择将效果图也公开出来。说实话,这曾经导致我们内部产生了特别大的争议,让所有人都同意的原因只有一点:这是客户想看到的。

公开效果图是在倒逼我们从设计到执行都要严格要求自己,不得有任何闪失。不仅要把效果图画好,更要把现场还原度做好,不然就无法满足客户的需求。在我们公开效果图后,客户对我们的信任就多一层。

(5)用场地实景照片方便客户感知

我们在接触客户的时候,客户通常会说自己无法想象出某个婚宴场地能做出的效果。单纯地向客户解释案例,的确太难想象了,所以我们就把每场婚礼的场地实景照片展现出来,这样客户就清楚地知道自己的场地是什么样子,可以办出什么样的效果。这样,又能赢得客户一份信任。

(6)展示案例背后的策划师

作为婚礼人,每个人都清楚保证婚礼效果的最重要的角色一定是策划师(有些也叫设计师),哪怕同一个客户把同样的需求告诉一万个策划师,也不会做出一模一样的婚礼效果。客户可以通过案例寻找更适合自己的策划师,就像你会因为某首歌曲而喜欢某位歌星一样。

我们不能让策划师成为公司的幕后英雄,让客户与策划师多沟通交流,能够让客户对公司又多一份信任。

我们的很多解决方案都是顺应客户的需求,逼迫自己不断满足客户的需求,一步一步地赢得客户的信任,这就是我们解答证明题的方式。

9.

如何向客户证明婚礼价格是靠谱的

有个浙江的婚庆公司老板和我聊天，说疫情期间生意不好做，很多公司都开始做套餐婚礼了，自己也不得不做。我问：为什么要做套餐？他的回答是觉得市场竞争太激烈，觉得客户需要便宜的婚礼。

这里面有几个逻辑上的问题：便宜的婚礼就是套餐婚礼吗？便宜就等于低价吗？套餐婚礼就能提升公司竞争力吗？新人想要的是套餐婚礼吗？套餐婚礼能赚更多钱吗？

这里只谈“便宜”问题，客户真正在乎的是一分钱一分货，还有就是特别在意不想当别人眼中的傻子。一般消费者在购买一件较为贵重东西的时候，是出于什么原因才购买的？首先产品是自己喜欢的，其次售后是有保障的，最后才是价格合理的。

这里的“便宜”更多是每个客户的心理价格合理，或者叫性价比高。所以，价格高低并不是最重要的，最重要的是你的产品是否让客户觉得有这个价值。

婚礼也是如此，客户更希望做一场性价比高的婚礼。在客户下订单前，我们需要做的是让客户感受到我们公司婚礼的性价比，才能进一步赢得客户对公司的信任。要做到这一点，我们应公开婚礼的价格。

(1) 公开价格是顺应趋势

我和很多咨询加盟的人说过,在你决定消费前,若是提前知道商品或者服务的价格,心里才有底。各行各业的价格都变得很公开,而我们婚庆的价格一直都是封闭的,哪怕有些商家的价格在大众点评或婚礼纪公开过,但实际上这个价格是随便写的。这样一来客户想来消费心里都特别没底,你怎么赢得客户的好感?

(2) 公开价格让客户更好感知价值

当你不公开每场婚礼案例的真实价格,客户是很难知道自己要花多少钱才能做出满意的效果的。你也很难和其他公司竞争,若其他婚庆公司的作品高端大气,而你家的作品走的是高性价比路线,人家的作品都是 10 万元的案例,而你的只是 3 万元的案例,可总不至于 3 万元的案例能比 10 万元的案例还好吧? 你再不标价格,你怎么比得过?

(3) 公开价格不代表"裸奔"

很多同行误把公开价格当成"裸奔",所谓"裸奔"就是指标价里面没有利润了。当你作为消费者的时候,想去买一部 9000 多元的苹果手机,你会因为它的成本只有 3000 多元而不买吗? 那些高大上的婚礼,很多同行都知道成本多少钱,其实客户也知道商家赚了多少钱。难道是因为客户傻? 不,那一定是客户觉得值。只是你觉得客户傻而已,因为你卖的是道具,人家卖的是设计。

(4) 公开明细让客户更信任

公开明细的原因还是降低沟通成本,提升信任。如果对每场婚礼只标个价格,客户问题就来了:"凭什么这个是 3 万元,那个是 3.5 万元,我感觉差不多啊?"你怎么解释? 最好的方式就是消除客户的疑问。我们选择公开价格明细,让客户知道这个道具是租的、那个道具是买的或定制的,运费多少钱,人工多少钱,这样客户就不容易迷糊，自然就信任你了。

我们并没有直接回答客户关于价格的问题，而是选择公开价格，这就是在降低客户的比较成本。不公开价格就是在制造交易阻力并影响客户对你的选择。

10.

如何向客户证明你的服务是靠谱的

服务好不好是最难证明的地方,原因在于服务是依靠个人感知或者体验的,不像效果和价格,比如大家说海底捞服务好,你是没办法光从这一句话的描述上感知这个服务好是怎么好。

有的时候,客户会给我们发红包或者在婚礼结束之后说一些感谢的话语,我们就会截图发朋友圈,以此来证明自己的服务没问题。这样的证明有用,但是也有缺点,缺点是朋友圈的信息是以瀑布流的方式呈现,会下沉,因此客户来了解你的成本就很高。

初期,我们想过很多证明服务好的方式,最终决定采用淘宝评论的方式,将客户对婚礼的点评通过我们自己的平台呈现。这是一种逼着自己成长的决定,我们不能因为担心会有人给差评,就不给新人点评的机会,这就是掩耳盗铃。

当我们决定引入评论机制的时候,神奇的事情发生了:我们的"四大金刚"特别担心客户会给差评。这种担心就对了,正是因为他们担心,所以就会加倍好地服务客户,更加注重自己的服务态度,摄影师会额外赠送客户精修,化妆师会主动带早餐给新娘……

你看,我们公司什么管理工作都没做,我们的"四大金刚"就主动努力做到比别人家的服务还要好。

正是我们的婚礼人更用心服务每对新人，才能赢得新人给我们婚礼人的几百字甚至上千字的好评。这些好评客观地证明了我们公司的服务，这就把虚幻的感觉具象成一段可读可感知的评论，字里行间都透露出新人对找我婚礼服务的认同。这样的评论就变成了公司的信用资产，每多一条就能增加客户对公司的信任。

第六章

产品是安身立命之本

1.

套餐婚礼和定制婚礼的区别

当遇到预算有限的客户时，很多老板的想法是做套餐婚礼以争取这种客户。从这里面可以看出，在很多老板心中，拥有更多订单的办法是做套餐，针对低预算客户的解决方案也是做套餐。这是正确的解决方案吗？以下给你答案。

(1) 套餐流程 VS 定制流程

做套餐婚礼的流程大概是这样：一位策划师基于仓库或市场上的道具设计了 N 套方案，并根据客户的需求，挑选了一套适合的方案卖给客户，并搭建出来。

再来看定制婚礼的流程，如下：策划师基于客户的需求和仓库或市场上的道具设计了一套方案，待客户觉得满意并付款后搭建出来。

套餐婚礼生产流程

定制婚礼生产流程

(2) 老板需求 VS 客户需求

当你做套餐婚礼的时候，你最初的动机其实是基于自己的需求或者是基于竞争对手在做，对吧？任何成功的商业模式都是基于顾客获益的需求的，如果你设计了 N 套方案，但这里面的方案都是基于策划师的偏好在做，即便是再好看都缺少灵魂。

而定制婚礼，一定有和客户沟通的前提，这就是策划师在挖掘客户的需求，客户也在表达自己的想法。对于这个从交流到呈现方案的过程，客户是拥有一个良好的感知的，客户知道这场婚礼专属于自己。也有人说很多定制婚礼是伪定制，只是对已有的案例做了些修改，跟套餐也没有多大区别。但我认为，哪怕是稍微修改，其实区别也是非常大的，你从生产流程中就可以感觉到。

(3) 从照片到现场 VS 从方案到现场

套餐婚礼一般都是基于做过的婚礼现场或者由设计方案打样出来的照片。作为老板，你一定会拿出拍摄角度好和精修得特别好的照片给客户看，因为给客户第一印象特别重要。但这容易造成卖家秀和买家秀存在差异的情况，对最后的还原搭建要求极高，因为每家酒店的场地是不一样的，很难做到优于之前照片的现场，这就是在给自己挖坑。如果样本现场做到了 80 分，拍照精修到了 100 分，后期即使照着做，无论执行多么用心，还是很难还原到 100 分或者高于 100 分。

定制婚礼是基于客户需求做方案，尺寸是酒店实测数据，画出来的效果图也是基于客户偏好来的，最终成交也是因为客户对效果图满意。这里的效果图对策划师来讲是可控的，策划师如果觉得自己无法实现效果图，是不会忽悠客户，给自己挖坑的。策划师会选择图片效果有 80 分，给客户讲到 90 分，最终给客户搭建 100 分的现场。对客户来讲，这种体验是层层递增的，而不是递减的。

（4）过时快 VS 过时慢

婚礼是快时尚行业，更新迭代非常快，套餐婚礼都是策划师基于当下的道具而设计的，同时策划师也是基于其当下的能力在研发设计套餐，无论策划师能力还是能用的道具体现的都是当下主流趋势。行业中有这样一句话："当你设计出来就过时了。"这就是最真实的写照，更别说距婚礼执行还有几个月的周期。

定制婚礼是根据客户的偏好来，这就容易做出符合客户内心情感需求的婚礼布置，专属性很强，能延迟过时。做客户想要的婚礼，在这种思路下做出的婚礼才永不过时。

（5）先货后款 VS 先款后货

套餐婚礼有两种：一种是基于仓库的道具状况做的套餐方案，还有一种是基于市场上的道具状况做的套餐方案。无论是哪种，在你确定方案，把成本核算出来后就可以确定卖价了。只要有了第一个订单，你就可以开始备货，买新道具了，最后再把现有道具卖出去换钱，这就是先货后款。这个时候，对你的要求不仅是懂对公司的经营管理，还要懂对仓库、道具的管理，这将导致你的精力被分散，无疑让你的经营风险变得更高。

而选择做定制婚礼，你基本上就是轻装上阵了，因为现在有很多道具租赁公司，你不用去管道具使用率、道具进出仓的相关事宜。还是那句话，当你拥有它，你就被它束缚；当你不拥有它，全天下的都是你的。这对经营好婚庆公司的能力要求是不一样的，要懂策划，要和其他公司拼方案，这才是你这家公司对外的核心竞争力。当仓库和道具都在别人那儿，你基本上就可以先收客户的费用，等婚礼结束再和供应商结算费用。你看，你的资金周转率变得特别高，还没有道具库存的压力，这是非常划算的。

（6）传播案例少 VS 传播案例多

这点的区别基本上不用我讲。如果做套餐婚礼，你能研发多少个套系？你说你可以研发上百个,但是你能备上百个套系的道具吗？这个基本上不可能啊。如果你就 10 来个套系,翻来覆去卖给客户,就代表着你接下来只有这 10 来个案例可以传播。显然这是不利于品牌传播的,也不利于网络获客。

如果你坚持做定制婚礼,原则上每做一场都可以拿出去宣传推广。你曝光的机会取决于你做了多少场婚礼,拍了多少场布置的照片和视频,这就是一个正相关的事儿。如果你会算账,你会发现,当你这样做,其实你的每场婚礼能够作为作品为你获客,也在无形中为你降低获客成本。

2.

定制团队千万别碰套餐婚礼

很多婚礼人都知道我对套餐婚礼的观点，无论从新人需求的角度，还是从经营者获客和获得订单的角度，甚至从道具成本的角度，我都不支持各位老板做套餐婚礼。

曾经，我经营的重庆公司遇到了增长瓶颈，无论怎么努力去获客，还是去抓销售业务，业绩就是无法增长。那个时候我就发现两个情况：低预算的客户在流失，同时高预算的客户拿不下。针对低预算的客户，我们就想，是不是我们现在的婚礼作品价格都偏高，要不要做点低预算的套餐婚礼来试试？

说干就干，我们方法也特别简单，从过去做过的案例中精选 20 套出来，在原有的报价基础上，再次核算成本并推导合理的销售价格，这些价格都比以前低很多。说实话，当时我认为，客户买到就等于赚到，但最后这个策略还是失败了。

失败的原因是，客户满意度非常低。销售人员一开始都是信心满满，最后自己都没有底气卖出去，必须叫停。后来，我们认真复盘，发现存在以下几种不好的状况。

（1）还原到最初案例照片的效果难度太大

婚礼人都知道，每家酒店的场地尺寸是不一样的，哪怕你带着同样的道具去还原，也会出现很多状况。我们公司的销售人员是不可能完全掌握每个场地的情况的，这就对后期执行还原的团队要求非常高。

另外，案例照片都会选最美的角度去拍，若案例照片呈现的那场婚礼是 80 分，拍照可以拍到 100 分，但是还原那场婚礼很难做到 100 分，这就是客户不满意的根源。

(2) 即便是 100%还原，新人也期待比照片更好

任何人对婚礼都是抱以最美好的期待，当你给客户看了 100 分的婚礼照片，客户心中更想你把还原做到 110 分。但就算我们再牛，现场布置做得再满，也无法做到 110 分。客户如果满意，只有一种情况，那就是客户没那么挑剔。

(3) 同一案例卖多场并没有增加成本优势

我们曾经在做套餐婚礼的时候犯了糊涂，当然销售人员也是无意的，即在同一天把同一款套餐卖了 2 次，于是我们不得不为了多接一场婚礼而多备一套道具，这样的成本又变高了。

而有些客户看不上的套餐、没有被预订的套餐所需的道具都在仓库睡大觉，这并没有降低我们的成本。

(4) 推销没卖出去的案例时有强卖的感觉

当我们意识到一个套餐同一天只能卖一场的时候，我们就开始对每个套餐编号，还做了一个套餐档期管理表，把已经订出去的套餐编号放在婚期中，这样就一目了然，知道哪些被订了。

我们的销售人员每次接待低预算客户时，就会提前查看这个套餐档期表。看到这儿，也许你以为我在教你卖套餐，不，马上就有问题出现了。我们发现，好卖的套餐就是好卖，不好卖的就真不好卖，但是销售人员只能卖剩余的。

我们的销售人员就要做所谓的引导式销售，故意夸大剩余的套餐卖点，说实话这让我们的销售人员做得非常别扭，就有点像强卖一样，这导致销售人员自己都卖得不自信。这有点忽悠性质，也不符合我们公司的价值观，这也成为我们后来不做套餐的原因之一。

(5) 套餐数量起来了，但是订单总量增长不大

我们大概卖了 4 个多月的套餐婚礼，每个月做数据分析的时候，发现整个婚礼订单总量并没有太大的增长。当我们去挖掘数据背后的原因时，才知道对我们的销售人员来讲，无论几千元还是几万元的婚礼订单，对他们来讲所付出的时间是差不多的。

我们做套餐只是为了争取一些预算较低的客户，而销售人员的时间是有限的，套餐能提高的销售转化率也是有限的，所以订单总量增幅不大。

(6) 套餐婚礼反而挤占了定制婚礼的数量

当我们进一步分析数据时，发现一个可怕的情况，套餐婚礼在整体订单中的占比变大了，但套餐婚礼给我们带来的转化率没有显著提升，整体订单增幅也不大。

什么意思？比如以前每个月可以订 100 场定制婚礼，现在有了套餐，每月订单量大概增至 110 场，其中套餐婚礼是 30 场。你看，以前 100 场都是定制婚礼，现在总量只比以前多了 10 场，但是套餐多了 20 场。

这说明套餐婚礼反而挤占了定制婚礼的数量，因为我们每天能执行的婚礼场数是有限的，这对我们的人效产生了极大的影响，因此套餐婚礼的做法不得不停下来。

(7) 让同事觉得公司没有做婚礼的态度

当我们是一家定制婚礼公司的时候，所有同事都非常期待每个策划师会给大家带来什么样的惊喜。但自从做了套餐婚礼，大家对这类婚礼基本上都是不闻不问。

最重要的是，所有同事都开始怀疑公司的决策，不相信以这样的套餐能打出市场，更觉得我们做婚礼的态度变了。

(8) 每一场都不好意思发朋友圈

你能想象吗？每周都有与上周一模一样的婚礼在执行。我们基本上不会再要求摄影师把婚礼现场拍得好看一点,也不会请摄像师拍个 15 秒的场景视频给我们,因为这些都不需要。

我们也不会将成品照片或视频发到网络平台上,因为这些宣传没有任何意义,客户看到后只会觉得我们这里就是做千篇一律的套餐。

这对我们公司来说是莫大的损失,套餐并没有让我们提升多少订单量,反而挤占了我们的定制婚礼订单,拉低了我们公司的人效,最终还让我们错失了用案例去宣传的机会。

当然,我也知道有些把套餐婚礼做得炉火纯青的公司,甚至还可以做二次销售。先以低价套餐吸引客户签单,再找个沟通婚礼筹备流程的机会邀约到店,目的只有一个:千方百计地做二次销售。做了二次销售以后,就可以通过增加设计元素,改变原有的婚礼套餐方案。但这样又给了客户一个不确定的现场方案,最终如果现场效果不好,或者无法让客户觉得物有所值,客户又会给差评。

3.

做套餐婚礼的真实原因

婚礼不像婚纱摄影那样,客户没拍好,还可以再拍一次,对客户来讲,试错成本和风险都是可控的。婚庆一生一次,花费又不少,所以我们经常会听到客户讲:“如果婚礼没做好,你赔得起吗?你能把我的亲朋好友都请过来再办一次吗?”如此重大的决策,客户一定会货比三家。如果你想拿下这类客户的订单,就需要拿出充分理由,而且这些理由必须是客观事实,不仅仅停留在嘴巴上而已。很多婚庆公司老板都知道套餐婚礼是不符合新人需求的,为什么还要这样做呢?接下来,我们一起剖析做套餐婚礼背后的真实原因。

(1) 无法证明自己这家公司是靠谱的

客户选择任何一家婚庆,第一个考虑就是一家公司是否靠谱,他会优先询问朋友,如果已办婚礼的朋友对某家婚庆存在差评,那这家公司就直接进入客户黑名单了。如何来证明自己公司是靠谱的呢?

有些有智慧的婚庆老板,会加入当地婚庆协会,以此向客户证明自己公司是靠谱的。也有婚庆公司会去参加各种行业峰会的作品评选,目的就是争取拿奖,这也是在证明其靠谱。还有一些新的婚庆公司,通过证明公司团队成员是靠谱的来证明自己,比如证明团队成员以前在大公司工作过,这是让大公司在做信任背书。还有婚庆公司会利用名人效应，这也是证明公司靠谱的方式。

你想，如果你要啥没啥，你是很难证明自己公司是靠谱的，你就只能跟其他公司拼作品。

（2）无法证明自己作品的现场效果好

你也知道，在这个行业，模仿不是最可怕的，最可怕的是直接拿别人家作品冒充为自己的作品。客户也不傻啊，不可能你拿什么作品，她都相信是你做的，所以你得先证明这个作品是自己的。有些优秀的老板会通过做公众号，把自己做过的好的案例发布上去，变成自己谈单的工具，这是可取的。但大部分公司都不会操作或者没有精力操作公众号，把案例放在婚礼纪、大众点评这类平台上后又怕客户日后不满意给差评。

即便你的作品是真的，客户又担心新问题了，担心照片这么好看，会不会存在过度修图的问题。你还是得去证明。有些婚庆公司就没有这种意识，甚至很多婚礼做出来后都没有请摄像师拍过关于现场布置的小视频。如果只给客户看布置照片，客户的这个疑惑并不会消除。

即便你有了照片和视频，客户又会冒出新的疑问：这些婚礼的还原度到底如何？你看，当客户有这样的疑问的时候，如果你无法找到客观事实的证据，客户就会减少对你的信任。如果你把每场婚礼的效果图拿出来，直接让客户对比，这样客户看了心里就变得踏实，这就是通过客观事实消除客户心中的疑惑，并赢得客户的信任。

（3）无法证明自己性价比高

关于价格，说实话，这是大多数婚庆公司最吃亏的地方。有的公司由于自己偏保守的意识，陷入了市场理所应当的规则中。比如你经常做 1 万多元预算的婚礼，人家经常做 3 万元以上预算的婚礼，你们还在同一个城市竞争，对方发案例时不标真实价格，你也不标，这就是你竞争不过的原因。你想，你的案例如何赢得了对手 3 万元预算的案例？

还有一点，很多婚庆公司在各大平台标注的案例价格都是虚假价格，这样就让客户非常迷惑。消费者做任何购买决策的时候，一定会综合考虑产品和价格，如果你对外传播的所有案例都没有价格，或者是虚假的价格，这样就无法让消费者形成购买依据，甚至连购买参考的意义都没有。

最重要的是，你填写的价格只是一个数字，哪怕是真的，也无法让客户放心，因为只看一个价格是看不懂的。你也知道，哪怕同等效果的婚礼，价格也会受很多因素影响。比如：酒店舞台尺寸问题，不同宽度、高度和进深都决定了价格不同；距离问题，一场婚礼要去另一座城市举办，这会造成更多运费和人工费，甚至住宿费；材质问题，哪怕同样的效果，仿真花和真花的价格不一样，KT 板和泡沫雕塑的价格也不同；道具是租的，还是买的，甚至是定制的，也会影响价格。你看，这么多因素在影响价格，如果你不给客户解释清楚，是很难消除对方的疑惑的，信任就很难加分。

(4) 无法证明自己服务好

服务都是客户下订单后的问题，而且服务都很“虚”，看不见摸不着。如何证明自己的服务很好？当然也有办法，比如客户在婚礼办完后，给你发了个红包，在群里或单独向你说了几句感谢的话，你可以截图发个朋友圈，以此证明自己的服务做得不错，客户是满意的。但也有人会用自己的另一个微信号自编自导地给自己发一段感谢的话，并截图来发朋友圈，制造出有新人对其服务满意的假象。这又容易造成客户见到这类截图都不敢相信的局面。

婚庆市场，就是零和博弈，你签了这个客户，我就失去了这个客户，所以大家都会拼命地去抢订单。很多婚庆公司老板其实非常清楚自己无法证明自己公司是否靠谱，无法证明自己的作品没问题，也无法证明自己的性价比很高，更无法证明自己服务足够好。因此，在竞争的过程中，为了赢得订单，唯一能抓住的一点就是：给客户确定的产品和价格。

从客户的消费习惯来讲,为了规避风险,他们也更喜欢确定的产品和价格。你看,你去拍照时,影楼会让你选套系,也告诉你一个套系包括多少套服饰,多少张精修,有多少个产品,最后支付多少钱,这都是确定的。

如果你要做定制婚礼,就需要把上述 4 点一一向客户证明得非常清楚。但对大多数婚庆公司来讲,要证明这 4 点比较难,所以他们为了赢得更多订单,有更高的订单转化率,就开发出套餐婚礼。套餐不是效果图,而是真实现场的图片,客户看了一目了然,如果再配上视频,能让消费者更有掌控感。

但从竞争上来讲,套餐产品的竞争力很低,各大婚庆公司就只有拼价格,大家利润也就变得越来越薄,导致最终还原度又达不到客户要求,两败俱伤。

相信你已经知道本节题目的答案,做套餐婚礼背后的真实原因是婚庆公司无法证明公司靠谱、产品没问题、性价比高、服务还好,只能依靠做套餐给客户提供确定产品和价格,并帮助自己赢得订单。

最后我想说,在这年头,有两种老板,一种老板认为客户是专家,因此他们会拼命满足客户的需求,也不弄虚作假,凭借实力赢得客户订单;另一种老板认为客户是笨蛋,因此他们就会采用自以为是的套路忽悠客户,机关算尽,口碑却越来越差,最终把自己玩没了。

4.

不请外援策划师帮忙做婚礼

很多来我公司咨询加盟的人，都比较在意总部能否帮他们做婚礼策划方案，也就是他们希望只管接单，由总部负责沟通需求和出方案。过去的确也有很多婚庆公司的老板私下找我们策划师做方案。我对这类想法表示理解，但我真心不建议找外援策划师帮忙做婚礼，原因如下。

(1) 作品是果，策划是因

一般请外援策划师，都是因为遇到自己搞不定的情况，比如这场婚礼预算很高，比如特别想出优秀案例，比如处于创业初期，没有策划师。也有老板就图省事，所以想把业务包给别人做，甚至还有策划师负责到店谈单。这样做，会让你的团队的设计能力得不到任何进步，也得不到任何成长机会。从而进入恶性循环，原有的策划师和销售人员离开你的公司，你又会去招新的策划师或销售人员。

(2) 外援策划师会带走你的转介绍

如果你请外援策划师帮你，自己只负责邀约，让策划师来帮你谈单，签单后就只负责分钱。当你这样做的时候，你又将把公司拉入一个恶性循环。可以断言，你这样基本上得不到转介绍的客户，无论你这场婚礼做得多么好。原因很简单,这场婚礼的客户跟你的外援策划师成为朋友了,客户有朋友需要推荐时也推荐给外援策划师,不会找你这家没有任何能力的空壳公司。

(3) 跟着高手学才是正解

我多次提过,公司作品的竞争力依靠于策划师,优秀的策划师是稀缺资源。我们能在市场上竞争并变现,一定是基于稀缺能力创造价值。当你看到这篇文章,我希望你能再次重视起自己公司的创意能力,尤其是三线、四线、五线城市的各位老板。也许你不懂设计软件,没关系,你培养自己会思考方案就行,花钱找人帮你画图。也许你觉得自己的方案不够有创意,没关系,你可以请外援策划师教你做创意方案,这样做才是对自己有帮助的。

5.

不建议只拼价格

你们城市的婚庆市场是不是有这些情况：为了赢得客户的订单，如果客户想订某位主持人，婚庆公司则以低于合作价的价格报给客户；一个预算本来有 5 万元的客户，去了第一家婚庆公司，婚庆公司告诉客户只花 4 万元就可以做出其想要的婚礼效果，客户去了第二家婚庆，当这家公司了解到上家报价 4 万元时，表示他家大概 3 万元就可以做出来，客户去了第三家婚庆，并以 2 万元成交，最终效果和客户理想的效果有着天壤之别。

明明婚庆公司可以赚“四大金刚”的差价，为什么要降低“四大金刚”的身价来报价？明明客户的预算是 5 万元，为什么婚庆公司在没和客户确定任何婚礼产品和服务的情况下一味只拼价格？答案是这类婚庆公司误闯入了自杀式的恶性竞争。

（1）什么是婚庆行业的恶性竞争

利用产品和服务延迟交付的属性，利用乱承诺的方式，最终以低价格赢得客户就是这个行业的恶性竞争。抛开价值谈价格，就是耍流氓啊。这样的竞争将会直接伤害客户对你的信任，也伤害了你的合作伙伴在市场上存在的价值，最终的结果是没有优秀的“四大金刚”和策划师愿意再从事婚庆行业，劣币驱良币，两败俱伤。

(2) 正确认知"四大金刚"的价值

价格永远都是由市场需求决定的,本来A主持人的合作价是1000元,他的价格是经过他不断在市场论证后的结果,这就是他与其创造的价值相对应的收入回报。如果你因为市场竞争,恶意将价格按合作价,甚至低于合作价报给客户,这必将造成客户对主持人的价值产生误解,这就是扰乱市场。

因此,我呼吁我们婚庆同行要正确认知"四大金刚"的价值。婚庆公司赚"四大金刚"的差价是正常的,因为我们婚庆公司帮助客户节省了搜寻成本、试错风险,还创造了信用中介的价值。

(3) 不以牺牲产品服务为代价来获得订单

我们可以用5万元做出8万元的效果,绝不能说5万元的效果2万元就能做的这种话,因为这是谁都不受益的结局。哪怕市场竞争再激烈,也要有自己的底线和标准,这样才能让市场更加繁荣。

因此,我在这里呼吁我们婚庆同行不以牺牲产品服务的代价去赢得客户订单。在面对5万元预算时,你就应该拿确实花了5万元做出的效果参考图给客户看,而不能拿个花费了20万元的婚礼图去忽悠客户。

在这个时代,不谈产品和服务且只拼低价是很低端的竞争方式,当你一味紧盯对手就容易忘记客户真正的需求,最终导致两败俱伤。

6.

从沟通到落地需策划师跟到底

婚礼是证明一家婚庆公司效果好不好的关键。如何打造好婚礼,有一个简单的方法。按照打造一场婚礼的流程来梳理出要点,不难看出,好的策划师需要做到:审美在线是基础,懂得挖掘客户需求,将场地和客户需求相融合,对物料道具心中有数,亲自参与搭建执行。

(1) 具有审美能力

这是策划师最基础的要求,也许这里面会需要些许天赋,但更重要的是这个人所学的专业、见过的世面、自我的涵养、从业的经验、对色彩的搭配等等。

(2) 能精准挖掘客户的需求

表达能力是挖掘客户需求的关键,通过好的交流能与客户产生共鸣,让客户能更好地表达自己想要的。还可以侧面通过新人的朋友圈、微博甚至 QQ 空间等去掌握客户的喜好,这是能够给客户惊喜的地方。

(3) 将场地和客户需求相融合

策划师所设计的婚礼效果图应该既能结合婚宴举办酒店的装修或户外场地的风格,又能结合客户个性化需求的偏好,不能单方面只考虑客户需求而忽视场地特点。

(4) 亲自参与物料统筹和重要道具的确认工作

根据效果图,其他人不一定能统筹好所有物料,尤其是定制道具。从设计到打样,再到成品,都需要策划师亲自确认,这样才能做到心中有数。

(5) 亲自参与指挥现场搭建

再好的执行人员也没有办法保证100%理解策划师的设计,需策划师亲自盯场并指挥完成。很多婚礼在还原度上出问题都是因为策划师没有亲临现场。

7.

应对高预算客户的方法

很多婚庆公司会选择加盟某家大公司，原因之一就是假如自己能够接到高预算的客户，能借总部的优秀案例留住这个客户，并在总部的支持下拿下这个客户。也有一些地方婚庆公司为了拿下高预算客户，会和独立策划师合作。

其实这两种都是指标不治本的方式，这两个问题出现的本质是自己公司没有设计能力突出的策划师。你细想，为了解决偶尔才有的高预算的单子去加盟某家公司，值吗？你拿着总部的案例去谈客户，人家信吗？即便是独立策划师帮你拿下这个订单，你觉得凭借这个案例就能给你带来极强的信任背书吗？

婚庆公司的核心竞争力一定源于婚礼产品和服务，而且要做到持续、稳定，靠这种昙花一现的案例是没办法持续发展的。归根结底还是因为自己公司没有优秀的策划师。这种问题如何解决？其实市场早就给了我们答案，我们只需要拈出来用就行。

大公司主要靠持续的传帮带保证了自己公司的设计能力。那小公司或者工作室怎么办？很多人会选择做套餐婚礼。

当你选择这样起步，你的公司就注定没有竞争力了，不想在钻研婚礼作品方面下功夫的人最好别做婚庆。那么多大公司初期又是如何发展起来的？这里面一定有值得小公司和工作室学习的地方。初期必定离不开一个优秀的策划师，这个策划师要么是自己热爱本行且有潜力的，你可以没做过婚庆，但是你内心一定是热爱的，你才会沉下心去学习如何做婚礼，也愿意为了做好婚礼花更多时间，这样的你自然会在设计能力方面提升非常快；要么曾是大婚庆公司的设计能手，自己出来创业，接着开始带徒弟，让更多伙伴和其一样具有优秀的设计能力。

婚庆起步的正确姿势是这样，当你不懂婚庆，你又特别想做，并觉得自己擅长管理时，那你必须要找一个设计能力很强的策划师，初期可以给对方更高薪水，如果觉得合适也可以让其成为股东，这样，依靠这个策划师撑起婚礼产品方面的竞争力，你再把其他工作做好，就能得到更好的发展了。处于发展中期的各位老板，也需要赶紧盘点一下自己公司有没有非常厉害的策划师，如果没有，那么不惜一切代价去请一个过来。

8.

给做婚礼堂项目的 9 点建议

婚礼堂的发展与其说是婚庆公司为了利益去推动的结果，不如说是酒店业为了竞争不得不做的选择。很多同行都在用婚礼堂项目去与酒店谈合作，如果能签订一家酒店的婚礼堂，就算拿下了酒店其余场地的婚礼业务。对于做婚礼堂，我有以下这几个建议。

（1）千万别做“雪中送炭”的事儿

即便是有酒店主动找你合作，你也要先调查清楚这家酒店之前的生意怎么样，千万别盲目跟风。因为很多酒店自己生意不好，见周边竞争对手在做婚礼堂，自己也想花婚庆公司的钱试试水，还能得到婚庆公司的业务推荐。从收益风险比的角度来看，这对酒店是百益无害的事情。所以你要擦亮眼，如果这家酒店生意本来就不好，那你最好不要做，除非酒店老板出钱。

（2）联合异业共同投资

如果你做婚礼堂的主要目的是拿下酒店其余场地的客户，你就要懂得分摊投资的风险，别一个人投钱进去。你可以找到有客源的异业合作，比如婚纱礼服、婚纱摄影、钻戒等，因为这类行业自带客源。

（3）和酒店间的协议能签多久就签多久

合作协议时间越长则对你更有利，如果时间太短，比如 2 年,万一你还没收回成本,这个主动权就不在你手里了。假如生意好,酒店换一家婚庆,甚至想自己做,怎么办?这些问题都是需要考虑的。

(4) 协议是双方合作不愉快时的凭据

有位律师朋友之前跟我说过一句话,刷新了我对协议的重视程度:"协议不是保障双方顺利合作的依据,而是双方合作不愉快时的凭据。"如果你无法保证你和酒店的合作不会出问题,那么你就要假设万一出现问题了,协议里面的内容该如何合理地保障自己的权益。

(5) 在协议中写清楚中途拆卸需要酒店付费

大家都知道,婚礼堂很难过消防检查。如果中途遇到检查,酒店就会请你协助拆卸布置,拆卸会涉及一笔费用,重新安装又会涉及一笔费用,如果你不把这条写进去,你就会吃亏。

(6) 尽量使用二手道具做现场

这个建议不大友善,但从成本来讲,你必须想尽一切办法降低自己对婚礼堂的投入,因为在投入 20 万元和投入 15 万元的情况下,卖给客户的服务的价格都差不多,如果你价格定高了,也没啥竞争力,所以你可将一些二手道具回收过来,再创造。

(7) 处理好与酒店销售人员间的利益关系

很少有酒店老板想赚婚庆公司这点钱,一般都是特别看重自己的餐饮收入,做婚礼堂也是如此。所以,在谈合作时最好写清楚在未回本之前不给酒店分钱。因为你需要用这些利润去绑定与酒店销售人员间的利益关系,如果酒店有几个厅而你做婚礼堂就装了一个厅,你必须搞定酒店的销售人员,不然人家没有帮你卖的理由。这种利益绑定最好的方式就是分利润的提成,不然酒店销售一定会为了业绩而想尽一切办法把你的婚礼堂服务卖得更便宜。

(8) 绑定酒店业务相关管理层的利益

假如你在做酒店婚礼堂前,和主管销售的酒店负责人谈妥了,甚至动员他入股了,你基本就不用担心这个厅的销售人员是否卖力了,因为只要把核心管理层的利益绑定进来,你们就变成了利益共同体。

(9) 驻店销售人员最好是全能王

如果你想最大程度承接该酒店的业务,从人员效率上来看,你还需要派驻一个专职的销售人员配合酒店销售人员签单,还能接触到现场咨询的客户。驻店销售人员的工作可能不饱和,所以最好这个销售人员还擅长做策划工作,这样他在没有客户接待工作的时候,还可以做该酒店的策划方案或活动执行。

第七章

量大还能做好服务的秘籍

1.

出现投诉怎么办？

当你遇到客户投诉或者婚礼没做好的情况时，作为老板的你，用什么样的方式解决呢？常见的方式如下：不理睬客户的投诉，只要客户气消了，结算了尾款就好；客户在第三方平台写了差评，请网络公关去处理掉，依然不理睬客户，甚至找各种理由辩解自己的错误；要求与该事件相关的员工必须处理好投诉，至于用什么样的方法不管，如果搞不定就扣工资；老板亲自约见客户，登门拜访道歉，该赔钱就赔钱。

上面 4 种方式，你们公司选择哪一种？

我先分享我亲身经历的两个故事。

我于 2013 年进入婚庆行业，印象特别深刻的就是在 2017 年，重庆有家婚庆公司把一对新人的婚礼做砸了，这对新人动用了一切网络力量，在各种网络平台图文并茂地呈现了所有的事情经过，最终让这家公司倒闭了。这个新娘，我是认识的，我相信这个婚礼现场对她和她家人的打击是巨大的，这家公司的损失也是巨大的。

2016 年，在我的重庆公司也发生过没有按照效果图还原婚礼现场的事情，当时我还是总经理。婚礼结束当天我就收到婚礼顾问提交的客户投诉的反馈。当时我内心还是挺恐慌的，毕竟不是小单子，是在国际五星级酒店办的婚礼。我也想过安排同事去处理,但最终我亲自带着该场婚礼的销售人员一起约客户出来当面沟通,当时客户在我面前哭得稀里哗啦的,我内心也是无比自责。见面后,我非常诚恳地道歉,也主动提了一些补偿方案,经过多次碰面,最终客户接受了我们的补偿方案。

在这里也给各位同行说明一下,我现在和这场婚礼的新郎是关系很好的朋友,他亲弟弟结婚也是在我们这里做的婚礼。新娘和新郎分别给我推荐了很多同事、朋友和亲戚。后来,我才知道,二位新人都是这么向身边朋友介绍我们公司的:"我的婚礼现场没做好主要是策划师能力有问题,他们公司的老板和其他同事都是非常靠谱的,对婚礼的态度没有问题,很多策划师也是非常优秀的。"

我们公司的态度是:出现问题,不要逃避,直接面对。因为我们所犯的很多错误都是无心之过。即便是员工有意为之,作为公司老板的你也需要真诚面对,负荆请罪,这样就会把一个投诉的影响力缩小,而不是放大。作为老板,你不一定要把自己的品牌保护得特别完美,完美的品牌本来就不存在。哪怕客户对婚礼效果不满意,售后服务也要让人家满意,这就是你对客户应有的态度。如果你坚持这样做,就会对你的员工形成正面效应。

2.

提升服务水平的方法

青岛啤酒前董事长金志国说过这样一句话："企业就像一棵大树，树根就是系统结构，树干就是战略，树冠就是市场，果实就是产品，叶子就是品牌。"在婚庆经营中，产品就是效果和服务，这两样还不能偏科，需要两手抓，两手都要硬，只有如此，我们才能给客户创造足够大的价值，自己方能更有市场竞争力。

曾经我在重庆公司就遇到"偏科"现象，造成月订单量一直在 100 单左右徘徊，客户经常评价"现场很好看，但没感受到公司的服务"或是"遇到问题，不知道找谁来负责"。无论我如何去抓"婚庆销售漏斗"里面的有效率、邀约率、进店率、签单率，都没有多大变化，再逼销售人员估计他们就要离职了。我也做了很多活动，但最后发现那些签单的客户都是本来就想签单的，所以活动也没有提升公司的转化率。

(1) 找到底层原因

遇到这样的问题，我们习惯性地用"5 Why"来剖析。

问："为什么我们公司的服务让客户感觉不好？"答："因为客户能接触到人员就 2 个：销售人员和策划师，销售人员只负责签单，策划师负责婚礼所有。"你看，从逻辑上来看，让销售人员做服务几乎不可能，那就剩策划师。

问:“为什么策划师的服务没能让客户满意?”答:“因为策划师内心更重视婚礼效果,自己不擅长做统筹服务。”从这里就看得出策划师从专业和精力上都不足以支撑其做好统筹服务。

问:“为什么策划师不擅长统筹服务?”答:“我们以为策划师可以搞定统筹服务。”按照这个逻辑就可以看得出问题不在于策划师。

问:“为什么我们以为策划师可以搞定统筹服务?”答:“我们以为策划师平时做方案,当天做好督导就可以了。”这里就看得出来,我们把统筹服务想得过于简单。

问:“为什么我们以为策划师可以做好督导?”答:“其他婚庆公司都这么做,我们也没研究过。”

问到这里,差不多就知道最主要原因了:我们看到市场大部分婚庆公司都是这么做服务的,我们就以为这样做没问题。但实际上,策划师从精力和专业度上来讲都无法做好统筹服务。这个时候我们就意识到,如果能有一个岗位专门做统筹服务就能解决这个问题。

(2)制造势能影响所有人

作为公司负责人,我们要擅长制造势能,而不是一味要求员工做什么。这种势能就像古代行兵打仗,你要带领全体士兵抢占山头,将石头放在山顶,只要等敌人路过此地,你就命令士兵将石头扔下去,这就是制造势能。

找到底层原因后,解决问题就变得明朗了。第一,增加了统筹师的岗位,让策划师更专注做好婚礼现场,由统筹师专门负责从客户下订单到婚礼结束期间的日常筹备咨询、统筹服务和当天督导。第二,研究所有婚礼服务节点,将需要提供服务的节点提炼出来,并规范在什么节点提供怎样的服务,服务的好坏如何量化和评估。第三,规定好技术研发团队的产品在哪些地方提供支撑,如何利用App让客户感知公司提供的服务,且如何让客户向公司反馈统筹师在每个服务节点的情况。第四，拟定统筹师的岗位说明书，并启动招聘和培训，筛选出合格的统筹师进行服务。

当你有了以上这样的动作，全体员工都能看得到，大家的内心能感受到公司解决问题的决心，这就如同古代行兵打仗：于万仞之上推千钧之石。

(3) 找到擅长解决问题的人

在重庆公司时，我深知我不擅长解决服务问题，就得找一个能弥补自己短板的人。如果我能找到这个人，其实也是在制造势能，因为优秀人才的加入也会鼓舞人心。

当我明确了这个岗位的能力模型以后，"我一定要找到在国际五星级酒店做过培训的人加入我们。"我给自己说了这么一句话。接下来，我就去智联招聘买了一个下载简历的服务(那个时候还没Boss 直聘)，除了将岗位招聘信息放上去，我主要是通过关键词筛选在酒店做过培训的人的简历；然后，我开始逐个打电话，告诉对方我们是一家什么公司，为什么需要对方加入我们，在我们公司能有怎样的发展。

说实话，在酒店做培训的职业经理人素质都很高，他们都非常有礼貌地听我讲完了，也非常有礼貌地拒绝了我。那个时候，我没有半点放弃的意思，干脆把重庆所有国际五星级酒店罗列出来，哪怕对方拒绝我了，我也会多问人家一句："能否先加下你的微信？你帮我问问身边是否有朋友准备跳槽，也许我这个岗位特别适合人家。"

从那个时候，我基本上采用排除法，找遍重庆所有国际五星级酒店，与所有做培训的酒店员工挨个沟通，有些争取到了见面机会，我就请吃人家吃饭，并用各种方式打动对方，希望对方对我们这家公司和岗位感兴趣。如果对方没兴趣，我也尽可能让对方帮忙物色。功夫不负有心人，终于等来了一位朋友给我的推荐，是一位因为之前生小孩而离职的酒店培训经理。我到现在印象都特别深刻，我为了不丢掉这个机会，提前准备了打电话时如何交流的大纲。

对方答应和我见面，我又是一番准备，心里早已想好要分享公司什么内容，如何介绍自己，如何让这个岗位更有吸引力。这位老师最终答应加入我们的团队，那个时候我基本上熟悉了重庆所有国际五星级酒店的做过培训的专业老师，哪怕没见过的老师，你告诉我酒店的名字，我至少能给你说一位出来。

(4) 优秀的人让公司事半功倍

在征得这位老师的同意后，我得以在此说下这位老师的名字：董欢欢(Melissa)。Melissa 加入后，迅速投入改善公司服务的工作中。首先，她去了成都总部交流学习，做培训的老师理解这些知识是非常快的。其次，通过自己的实操，她快速地对不同岗位有了深度的理解。最后就是 Melissa 做自己擅长的事情，通过培训和日常管理让统筹师逐步成为公司里不可或缺的岗位，还让公司其他岗位更加重视婚礼服务，让我们知道了国际五星级酒店是如何服务每位客户的。这样也就知道了差距，知道了差距，也就知道了努力的方向。

一个优秀的同事加入公司，除了能弥补你的短板，还能快速替你解决问题，哪怕对方不经意的一句话也许都可以影响公司的其他同事，这种势能可以让人更能看到成功的希望。

培训就是把一个人“好”的标准复制给更多人，当然这里面有个前提是负责培训的人要足够好，而你要不惜一切代价地找到她，因为她的好值得你拥有。

3.

永远不缺统筹师的办法

在婚庆行业中有两个结构性问题：第一个是需求侧的波动性太大，也就是大家日常所说的旺季太旺、淡季太淡；第二个是供给侧的岗位职业周期性有限，也就是大家日常所说的随着年龄增加，做婚礼的优势越来越弱。未来的婚庆公司都应致力于去解决这两个问题，才能成为优秀的婚庆公司。

你的公司是否存在一个人既做销售，也做策划，还做统筹（有的地方叫督导、新娘秘书等）的情况？这就是将自己员工每月的产值和档期牢牢限定了。针对新人的统筹服务又是一个特别琐碎的事情，如果让一个人兼做这 3 个角色的事情，势必会出现事倍功半的结果。

（1）将统筹岗位独立出来

这种问题如何破？我多次说过，“凡是和婚礼日当天相关的岗位，都要从底薪＋提成的全职模式变成按单结算的众包模式”。统筹师也是如此。

我以前经常会陷入一个误区，总是基于现有条件思考如何解决问题，但解决方案不一定会存在于当下问题本身，有时我们需要在问题以外去找答案。当你觉得统筹师岗位如果独立出来优势会更多，那就一定要独立。至于如何寻找合适的统筹师，这就是另外一

4.

NPS 让你获得更多转介绍客户

经营公司时如果不关注数据,就容易凭感觉做决策,容易被自己当时的情绪干扰判断。作为老板,连自己吃的亏都不清楚,这是最恐怖的。经营管理公司除了关注财务数据以外,还需要关注以下数据:在获客方面,需要关注各个渠道的获客成本;在订单方面,需要关注婚庆销售漏斗的转化率;在产品方面,需要关注客户满意度。这些数据,我们在用 NPS 监测。

(1) 什么是 NPS?

NPS,即用户净推荐值。什么意思呢? 在办完婚礼后,你可以让客户给你打分,在 0 到 10 分的区间内,0 到 6 分基本上就是不喜欢,7 到 8 分就是马马虎虎,9 到 10 分就是满意的。

(2) 如何操作?

在每场婚礼结束后,初期你可以亲自打电话给每个客户(后期可以请责任心极强的同事来做),可以这么问客户:"如果您的推荐意愿的满分为 10 分,您愿意把我们公司推荐给朋友的程度大概是多少分呢?"在对方告诉你以后,你就记录下来。

(3) 怎么核算?

用打 9 到 10 分的人群总数减去打 0 到 6 分的人

群总数，再除以总的人数，即可算出 NPS 值。NPS 值越高，就代表你公司的产品和服务被推荐和传播的可能性越大。这样，你基本上就可以掌握自己公司的产品和服务在客户心中的地位了，每月转介绍高不高可能就和这个数据相关。作为老板，一切尽在你的掌握中。

(4) 听马马虎虎的反馈

什么叫听马马虎虎的反馈？就是把那些给你公司打 7 到 8 分的客户找出来，作为老板，你可以亲自回访这些客户，让这些客户给你建议。这类客户给你的建议是非常重要的，原因是对方谈不上对你产品和服务不满意，也谈不上多满意，所以挖掘这类客户的建议是非常有价值的。还有，回访这个行为也能让客户感受到你对产品和服务的关注，这是加分的动作，这样你的客户会在无形间提升对你的公司的推荐值。

(5) 重点关注不满意的客户

打 0 到 6 分的客户基本上就是你要去挽救的客户，这个时候你不能像回访一样期待客户给你反馈，这基本上不可能，不给你写差评都是好的。你要自己在内部重点分析是什么样的原因造成了客户对自己公司的不满意。找到突破点，并积极弥补，当然，你还可以通过真诚的态度去打动客户。

(6) 长期维系与忠诚粉丝间的关系

正是因为我们通过 NPS 筛选出不同满意度的客户，你就知道自己该如何对待不同的客户。针对忠诚粉丝这类客户，从长期角度来看，你可以让销售人员与其一直保持良好的关系，并争取让对方成为宝宝宴、生日派对、家庭寿宴等业务的客户，当然最重要的是可以花点心思请对方推荐更多朋友给你。

在你迷路的时候，指南针是带你走出困境的工具，NPS 就是你公司的那个指南针。

综合上面所有的因素，我画了一张婚庆道具的二维四象限矩阵图，横轴是使用周期，从左往右代表使用周期越来越长，纵轴是使用频率，从下往上代表使用频率越来越高。这张图会非常清晰地让你知道哪些道具该买，哪些道具该租。

婚庆道具的二维四象限矩阵图

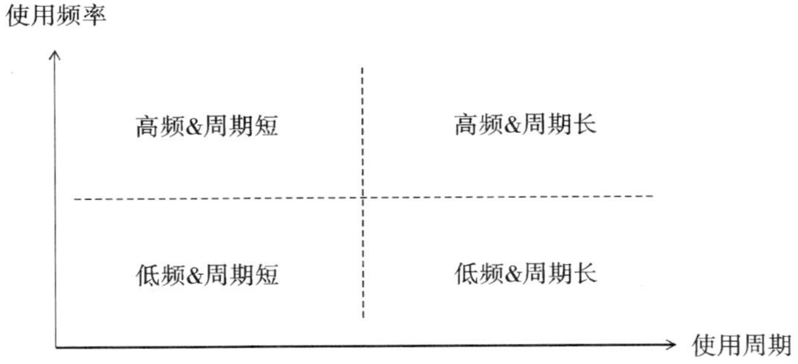

使用高频且周期长的，你可以买，因为基本上每场都在用；使用高频且周期短的，假如你买了，你需要考虑的是在周期结束前卖出去，这也是一种解决方案；使用低频且周期长的，建议租，放在仓库真不划算，或者你可以多用几次，在流行周期快结束的时候赶紧卖掉；使用低频且周期短的，这类道具往往在婚礼布置中会成为点睛之笔，多数是定制类的产品，建议快速使用几次后卖掉。

3.

别吝啬把道具给别人使用

很多老板最初做婚庆时,接单后的第一件事就是买道具,因为觉得把钱拿去租道具不划算,不如自己买道具,万一下次还能用呢。于是,公司的道具越来越多。这是很多经营者常有的误区之一。

误区之二,自己公司的道具特别多,但从来也没想过要把道具租给别人,哪怕有同行来租,也不愿意,原因是认为道具是自己公司的核心竞争力,租给人家会让自己的产品失去竞争力。

以上两种误区都是源于错误地把道具当作公司的核心竞争力,尤其是那种泡雕或者大型铁艺。判断一样东西是不是核心竞争力的标准是:是否稀缺。稀缺的才是最有竞争力的,稀缺的也是你这家公司最具有价值的,稀缺的也是你最能赚钱的地方。

我很喜欢徐丹老师的婚礼作品。为什么那么多婚礼堂都愿意请他去设计,甚至送股份都要拜托他把婚礼堂设计好?因为徐丹老师的设计能力是稀缺的。

为什么有些婚庆公司靠老板就能撑起一片天?因为其老板和酒店搞好关系的能力是稀缺的,是不可复制的,老板这个人就是这家公司的最大的价值。

当你用“稀缺”这个标准去衡量,你就可以看出,你的道具不是稀缺的,因为谁都可以做出来。

意识到这个问题后,我们就知道,完全没必要让道具变成独自占有的东西,这是占仓库空间的东西,只要在仓库一天,就在花钱,只有出去了才能变现。

你需要做的是,想尽一切办法将道具的使用率提升,或者将不会再用的道具卖掉换钱。以下做法可供参考。

(1) 与同行的道具仓库挨得越近越好

从软装、灯光到舞台等,每家的道具仓库最好抱团,因为在这个时候,你们不是竞争对手,而是相互支持的同伴,这样有两个好处:便于集体砍价、节省调货成本和运费。

(2) 彼此开放道具共享

你与同行之间最终的竞争是在设计方面和渠道方面,道具不是稀缺资源,因此只需要提升使用率。最好的方式就是开放出来,大家可以相互调用或租赁。

4.

择机将道具业务独立运营

以前的婚庆公司只要几个人可以把婚庆服务所有内容全部做完,根本不存在“策划师”这种角色,就是简单的布置就好了。但一切商业模式的发展都是从初级到高级,用户的审美和需求持续进化,我们作为供给侧也得紧跟市场需求才能顺势而为。

所以,你会看到现在各行各业越来越细分,也越来越专业。当然,很多婚礼人会问:以前自己道具和人工都是自己公司的,还赚不了多少钱,难道细分了,把道具、执行外包,就能赚更多钱?或者连人带道具和仓库独立出来成立道具执行公司,就能赚更多钱?带着这样的疑问,我们一起剖析一下。

(1) 可以释放生产力

当所有道具和人工都属于自己的时候,场布、道具和仓库只有在公司接了业务后才能创造价值。如果独立出去了,这就是一次生产力的释放。以前工程部是等着业务来,现在你变成其投资人,对方就有了经营意识,知道可以依靠自己的努力赚得更多,就会主动出击,寻找更多业务。

(2) 提升道具使用率

以前是公司接了单,道具才能发挥作用。如果把道具业务独立出来,你的道具执行公司负责人就会主动想尽一切办法拿道具变现,并把不合适的道具及时处理掉。

还有,做执行公司时,道具依然不是核心竞争力,能还原婚礼现场效果的场工才是,所以提升自己场工的能力,你会发现提升道具使用率就变得比较简单了。

(3) 抓住市场空白的机会

如果道具执行的细分化是眼下的趋势,如何判断机会的合理性呢?最简单的就是,如果你发现你所在地的市场没有道具执行公司,或者还比较少,这就是你最好的机会。

如果已经有道具执行公司在充分竞争了,建议你就不要做此事了,你进去后能赚钱的机会就比较小。你可以选择继续做细分市场,比如做仿真花的租赁和布置,或者气球装饰,这都是你的机会。

第九章

经营思路决定赚钱速度

1.

开店如何正确地选址

很多城市都有行业一条街,比如火锅一条街、珠宝一条街、古玩一条街、服装一条街、汽配一条街,当然也有结婚一条街,还有结婚一栋楼。成都最早有春熙路的第一城,现在有保利中心,重庆有观音桥的茂业天地。你是否想过公司选址在什么时候应该选在结婚一条街,什么时候又该离开?

如果你要开办一家新公司,建议你选择结婚一条街。为啥呢? 因为对你来讲,在没有知名度、没有人流量的时候,一定要开到那种有自然人流量的地方,最好就开到婚纱摄影和婚庆扎堆的地方。

如果你是一家初具规模的公司,你的到店签单率做不到 60%,此时你就要格外注意了,也许你的客户正在被与你处在同一条街或一栋楼的同行抢走。你需要做的事情就是赶紧搬离这个地方,因为你正在被别人抢占流量。

初期你可以蹭别人流量,但到一定时期就要搬离,原因是婚庆公司扎堆有个天然的弊端:客户的比较成本太低了。同一条街或一栋楼的婚庆公司之间容易变成恶性竞争,最终大家都没有多少利润可图。

当你想搬离时,在选址上要慎重考虑。首先,你需要分析自己已有客户的分布情况,打开地图,标注出来,看看自己的客户分布在哪个区域最多,你就靠近那个区域选址。这点非常重要,很多婚庆公司老板都会忽略这个问题。

其次,你要选择交通便利的地方,千万别图房租便宜,选择一个人烟稀少且很难找的地方办公,这就是加大了客户到店成本,你的客户流失率就会很高。方法很简单,选择公交线路和地铁线路尽量多的地方,还有停车方便的地方,尤其是当你想做高预算婚礼时,更需要考虑这个因素。

最后,结合自己的客单价去找租金相匹配的门店。每平方米租金和客单价为正相关,也就是客单价越高,你可以选择每平方米租金更贵的地方。此外,门店面积和你的订单数量也成正相关,这能够体现你门店的接待能力,我们公司的标准是每张接待桌每月 20 单。这两个正相关也请各位老板重视。

2.

开店选临街还是写字楼

(1) 分清转化和流量

在你选择门店之前，你需要清楚门店有两个功能：获取流量和转化交付。获取流量就是要利用这个门店获客，比如把门店开在民政局隔壁、婚纱影楼旁边，比如进驻酒店，把酒店当作吸引流量的工具。转化交付就是在门店进行订单的转化或者交付产品和服务，解决顾客的信任问题和方便谈单。你看，那些专做外卖的门店就不会选择太好的地理位置，因为它的流量是依靠线上，门店只负责接单和交付。

(2) 测算获取客户成本

当你了解门店的两个功能后，要根据自己的实际情况做出选择。如果你在意的是获取流量，那你要弄清自己真正的流量在哪里，不是人多就算流量多，你需要更精准的流量，否则你就是在用啤酒瓶接雨。当你锁定了有流量的门店，你需要测算单个客户到店的成本，将这个成本和线上获客的成本对比，如果成本太高就完全没必要。外卖的逻辑就是线上流量成本和交付成本低于线下。

(3) 做好随时更换门店的准备

如果是初创公司，一定要重视门店流量，哪怕开在婚庆一条街或者婚庆一栋楼,你也不吃亏。但当你强大了,就需要逃离这个流量黑洞,因为此时你的流量会被其他婚庆抢占,主要原因是用户的比较成本太低了。还有一种原因就是你所在地的周边流量不匹配你发展水平了,比如周边都是低端的影楼流量,而现在你的客单价变高了,这类流量对你来说就是无效流量,你就没必要再为此付出店面的租金。

(4) 核算客户的到店成本

无论你把商铺开在临街还是写字楼,你都不得不考虑客户的到店成本,如果你这个地方特别不好找,或者让客户特别不想去,那你这门店再便宜也不能要。

我听过这么一个故事,有个老板加盟了某个婚庆品牌,品牌方对门店面积有要求,加盟方由于预算有限只能选择非常偏僻的商铺,导致门店没有流量,再加上不懂线上获客,唯一出路就是异业合作,结果不到半年就倒闭了。

3.

临街商铺提升业绩的 4 个技巧

在很多城市，婚庆公司都是临街商铺，但很多老板都不重视门头，认为只要有个招牌，方便别人找到就行。如果你这样想，那你的门店就太浪费了。你可以去打听一下，你所在地街边的广告位多少钱，这个广告位费用的 30%就是你浪费的钱。那么，如何做才能让门店的价值最大化呢？

(1) 注重“金角银边”和门面宽度

任何行业选择门店地址都喜欢选择“金角银边”，“金角”就是十字路口的门店，两边都是进出口，而且门头露出的面积特别大。“银边”就是临街的门店，因为有路过的人流量和车流量，这种门店要注重宽度，越宽越好，深度的价值不大。

(2) 门头要把最重要的信息设计进去

这涉及品牌信息的排序，首先你的 logo 本身不值钱，还占地方，能不用就不用；其次你的英文名字也不值钱，如果你为了设计考虑，可以放但要缩小点；最重要的是你的中文名字，如果你的名字没有“婚礼”字样，一定加上，不然你的门头传播效果等于 0；如果你有网址，也可以加进去，目的是引导用户触达你的网站。

(3) 门头一定要亮且整体色系要跳出周边环境

门头要亮,这个我在介绍婚博会展位设计时也提到了。尤其是县城,本来城市人口也不多,如果门头特别亮,就会特别显眼,别节约这点电费。此外,门头色系一定要跳出来,你看身边的超市,在这点上就做得特别好。

(4) 一定要把橱窗好好利用起来

如果门店是由多个商铺连起来的,很多老板会只留一个进出口,把剩余的门用玻璃封起来,有些还会在玻璃橱窗上做一些与婚庆相关的装饰设计。我有更好的建议:如果你的门店每天都有人来谈单,生意特别好,你就把玻璃封起来就好,这样让外面的人都知道你家生意好,就会产生从众效应;如果没有这么好的生意,你最好把其余门都封起来,让外面的人看不见门店里面的情况,与其让别人知道你冷清,不如不让他们知道具体情况。还有,如果封起来,可以直接把每个门框当成户外广告位来装修,如果条件允许,可以用LED屏来封门,这样你就拥有了特亮且特大的广告屏;如果条件不允许,你可以设计固定的广告内容,这就是你门店的价值千金的广告位。个人建议去建材市场看看,学习一下橱柜、衣柜、木地板等企业的橱窗广告。

4.

初创公司尽量轻资产运营

每年 5 月和 10 月以后会有很多之前在婚庆公司上班的婚礼人出来自立门户,并发誓要做一家比上家老板经营管理得更好的公司。然而随着时间推移,新公司并没有达到自己创业初期的那种构想,反而越来越接近上家公司的样子。原因是这些老板属于经验创业者,就是在拿过去在上家公司做过、见过或听过的经验为自己当下的创业做决策。

这样创业的成功率会比较低,最大的原因是你的公司和上家公司所处的阶段完全不同,所处的信息环境也截然不同。回想我们公司从创业初期到现在,我们一直在坚持用很多互联网创业团队都在用的方法——MVP,就是利用最小成本创造可行性产品和服务并快速去验证市场。

(1) 验证产品和服务能力

有同行告诉我,他才创立公司没多久,发现自己已接的订单可能都不赚钱,甚至亏钱,问我是否可以先买一些仿真花和道具。我听后告诉对方,千万不要马上买道具。很多聪明的老板就是看着做婚庆没啥成本投入才入局。没道具的生意方式是先款后货,一旦拥有道具,生意方式就变成了先货后款。

先款后货属于拿着客户的钱去创造价值并赚钱,

没有库存,也没有资金周转率的压力;先货后款就让自己不得不花时间、花精力去关注道具使用率,有了道具你还得花钱弄个库房和请个库管,更别提道具还有损耗。最重要的是,只要你有道具,你就老想着用仓库现成的那几样道具,用着用着,你就做成套餐了。你有什么优势去和当地道具比你多的公司竞争?还有,你才开始创业,对于产品和服务有没有竞争力还不清楚,业务能力有没有提升也不知道,还要被这些后端的事情分散你的精力,这是非常不值得的。

“卖”是验证产品和服务能力的最重要的一步,MVP 理论中最重要的是用最小成本做出产品并卖给客户。你要知道,婚庆公司的核心竞争力是产品和服务,产品在执行前的竞争力体现在婚礼方案上,也就是效果图上,当然还有匹配效果图的价格。如果你担心亏损,可以在报价给客户之前找供应商核算成本,再加上合理的利润,这样就把亏损的风险降低了。

(2) 验证订单转化能力

初创婚庆公司一定要珍惜能给你机会做婚礼的每个客户。在没有道具、没有仓库、没有执行,轻资产运营的情况下,你才能甩开膀子干。多说一句:打造具有竞争力的产品与道具无关,道具不稀缺,稀缺的是策划师的设计能力。当你通过“卖”验证了打造产品和服务的能力,接着你需要关注订单转化的能力,即验证自己的销售转化率情况。

有些拥有设计能力的老板把精力都放在自己的产品上,做了 2 年,业绩也没有增长。无论你是业务型、产品型还是支撑型(财务、行政出身)老板,你要做好发展,第二步就是把销售能力提升起来,打造一支能签单的队伍。

这个时候,你就要关注数据了,销售人员拿 10 个客户资源,签 1 个单和签 3 个单的能力是完全不一样的,耗费的成本也不同。要提升销售业绩,如果你擅长销售,初期你就亲自上,如果你不行就花足够多时间在足够大的范围找到足够优秀的人。

销售肯定要讲方法,需要你结合自己公司的优势梳理一套销售谈单流程和谈单内容。有了这么一套东西,就标志着公司的销售能力成熟了。接下来就随着市场的变化不断迭代升级自己团队的销售能力。

(3) 验证渠道获客能力

渠道一定要老板或者股东亲自上,尤其是线下渠道资源。万一跟你干了1年的员工突然离职,自己创业开婚庆公司了,你该怎么办?难道去写公开信骂人家?这真是赔了夫人又折兵。

(4) 组建团队需要时间

你看,初创期要先验证产品和服务,还要去验证销售转化能力,还要去开发渠道。如果这些都是你亲自做,你会累死,所以你要组建一个和自己默契度、互补性都很高的初创团队。小米的雷军说,他在初创期基本上把80%精力都花在找人上。对于婚庆公司,初创的团队也需要你至少花50%精力找到合适的人。

我用这么大篇幅的内容就是想告诉你,以上这么多都是需要花时间去验证的事情,如果你重资产入局,会拖累你的业绩增长。先活下来,再求发展。

5.

忽略坪效等于每天亏钱

听说有家婚庆公司一共有 70 多个员工,一年可以做 2000 多万元营收。我马上想到的是,赶紧算算人效是多少(人效＝年度收入/员工数量),结果约等于 29 万元/年,如果算 45%的毛利润,每个员工每年为公司赚 13.05 万元,每个月约等于赚 1.09 万元。

进一步了解,这家公司的办公面积为 600 平方米,我赶紧又算了下坪效(坪效＝年度收入/门店面积),约等于 3.4 万元/平方米。能做 2000 万元营收的公司基本上在省会城市,每平方米租金大概是 100 元/月,每月租金约为 6 万元,算上每月物业费、水电费大概 1 万元,一年费用大概是 84 万元,这个费用大概占营收的 4.2%,是一笔不小的开支。大家不妨也算下自己公司的坪效是多少。

从坪效的公式来看,我们要提高坪效的办法就只有两个,要么提高年度收入,要么减少门店面积。如果你这家公司的年度收入和员工人数呈正相关,那么你的坪效就很难提高。唯一能做的就是减少门店面积,尽可能把每一平方米的价值用好。

如何把每一平方米的价值发挥出来,我总结了我见过的优秀公司的做法,如下。

(1) 没必要选择昂贵的 CBD 写字楼

如果无法解决坪效的问题,你的门店还在租金特别昂贵的写字楼或步行街旁,那么你辛苦赚钱就是在给房东打工,你会遇到坪效极限,尤其在客单价不高的情况下,你在这种地方会更难受,你需要做的是赶紧搬离这种地方。

(2) 让更多人利用洽谈区灵活办公

这是最常见的办法,有些公司的老板为了面子就把办公室弄得很大(客单价高的公司除外),办公在办公区,洽谈在洽谈区,每个洽谈区还是独立包间,大部分时候洽谈区都是闲着的,我每次看到这种公司都特别心疼,感觉浪费了不少钱。其实我们可以让员工灵活地在洽谈区办公,如果有客户到店,员工就灵活调整办公地点,这样办公室的使用率会更高。

(3) 错开时间邀约客户

没有坪效意识的销售人员,会觉得客户什么时候来都无所谓,只要能来就万事大吉。实际上,只要有接待区,你就要像做餐饮的老板一样,要算每张桌子每月的接待量,现在我们可以利用非常方便的人工智能摄像头,帮助监控上座率。当你重视坪效了,你的销售人员就懂得让客户错开时间到店,当你做好了对客户到店时间的统筹安排,你的销售人员能力也能得到提升,何乐而不为啊。

(4) 引进异业合作分摊房租

只要你生意好,婚庆下游会有很多人愿意和你合作,愿意和你分摊房租,既方便客户,还能降低房租成本,最重要还能让客户觉得你家公司面积大。我不建议婚庆公司老板同时在店内经营婚纱礼服,因为经营两种产品的逻辑是完全不同的,看似提升了坪效,搞不好你的人效又下去了。

(5) 尽量每个季度清理仓库道具

很多公司仓库费用可能不贵,就容易忽略这一点。我们在买道具的时候要提前想好这个道具的用途,至少要能用三次,这样才能保证道具的使用率是及格的。每个季度清理一次道具,并把几乎不用的道具尽早卖掉。

6.

切莫把流水当利润

疫情期间,听说不少婚庆公司倒闭了。抛开作品和服务在市场上的竞争力,我认为造成它们崩盘非常重要的原因就是资金链断了。疫情刚发生的时候,公司老板最关心的就是账上还有多少现金流,并盘算每月大概要支出多少固定费用,如果一直没有收入,还能支撑多久。疫情的出现,确实加速了一些发展不健康的公司的死亡,造成资金链断掉的原因之一就是没有一个正确的财务意识。

(1) 切莫把流水当利润

不知道看文章的你是否有这样一种错觉,每次有订单就入账了几千元的订金,最牛的是收全款。每月下来,看看公司的银行卡,哗,自己居然赚了这么多钱。

这里要注意啦!很多公司没有专业财务,老板每天就只是把钱收到手里,并在合适的时候再把费用结算出去,也没记录每天的流水。这样很容易造成一种错觉,觉得自己赚了不少钱。但稍微冷静点,你不过是先收了客户的钱。假设一个订单 2 万元,如果公司有 40%的毛利润,那 60%的钱(也就是 1.2 万元)只是你在帮供应商和“四大金刚”做了代收代付而已。这场婚礼中只有 8000 元才是你的钱,且这 8000 元还不含你的房租、员工工资、仓库和道具费用等,减去这些费用后,如果能剩下来25%就挺不错了,这样就只有2000元了。你看,20000元和2000元,10倍之差,却让你麻痹了自我。

(2) 得到收入后的瞎操作

很多老板在拿到钱后就觉得钱都是自己的了,拿着这些钱并没有去做发展公司的事情,要么就是自己消费了,提高自己和家庭的生活质量;要么就是各种买道具,没去精打细算道具的使用率和回报率。

如果把钱超前消费了,很多老板在每场婚礼结账的时候,发现自己的现金流不够,会先把"四大金刚"的费用结算了,并向供应商说,以后每个月结算,其理由也很充分——为了保障后续婚礼的品质。后来,无法每月结算所有费用了,就向"四大金刚"约定以后长期合作,按月结算,再和供应商改为按季度结算。这个时候供应商面对着前面订单没结款,后面又来很多订单的情况,又不得不一起走向了不归路。

直到某一天,出现了类似疫情的情况,最上游的婚庆公司资金转不动了,下游也在催款了,这个时候的资金链就彻底崩了。连还未执行婚礼的客户的订金都被使用了,更别说结算供应商和"四大金刚"的钱,这时婚庆公司就只有一走了之。

(3) 现金流只投资勿消费

很多婚庆公司老板选择做婚庆行业有个很重要的原因就是看重婚庆的现金流比较好。现金流,就是某个周期内资金流入和流出的数量,通俗点说就是某个周期内你的账上有多少钱。婚庆公司从收客户的钱到最终要支付出去,能拥有的现金流约为两个月收入的50%,也就是你每月做10个订单,每单2万元,你的现金流差不多有10×20000×2×50%=20万元。

这20万元对你来讲有什么价值呢?如果你能保证这家公司正常经营,你每个月除了自己赚到的钱,还有固定的20万元在手里,这就是现金流。有了这笔钱,花钱就变得尤为重要了,大家都知道钱生钱。这 20 万元不仅仅是 20 万元，还要加上时间给你的利息。那该怎么用？我的建议是不要拿去消费，而是拿去投资。

消费的意思就是这钱花出去就花出去了，不会再给你创造价值，比如买辆车，车只要买了就会贬值；比如拿着这钱用在了自己生活方面的开销，这也要不得；比如拿去买房子，买房子这事虽然算是投资，不是消费，但是你拿现金流的钱去做了个人的投资，这也是不可取的。花这部分的钱应当只有一个考虑：是否利于公司发展。

把现金流用好就是用明天的钱让自己赚更多明天的钱。用投资的思维去花这 20 万元，你可以拿部分的钱去购买大众点评、婚礼纪、微博、小红书的广告流量，这就是投资，而这笔投资将会给你带来更多的客户，为你产生更多的订单；比如拿着这部分钱去购买一些高频率使用的道具，这样就让每场婚礼在给你回本的同时也为你赚取了更多的利润，这也是投资；比如拿着这部分的钱做一些促销的活动，只要订单率越高，你的投入就会越快回本，这也是投资；比如拿这部分的钱提升团队能力，请优秀老师来培训、分享。一切让团队变得更强的事情都是投资，这也是用明天的钱赚更多明天的钱。

作为婚庆公司老板，我们都要保持清醒，每当收到几万元的时候，要告诉自己那只是流水，不是利润；每当有了固定现金流的时候，不要去消费，要去投资。

7.

不赚钱的原因可能有这些

很多人都特别关心婚庆公司如何经营才能赚钱。赚钱这个问题太大了,涉及方方面面,甚至可以细到老板的性格。其实这个问题更适合反过来想,造成婚庆公司不赚钱的原因可能有哪些?

在任何商业经营中,都有这个简单的公式:利润=营收-成本。想多赚钱,或者少亏钱,我们应该做的是持续提高营收和持续降低成本。很多老板都会特别关注如何提高营收,而忽略如何降低成本。

在营收方面,我们要关注这个公式:营收=客单价×利润率×场次。所以大家都会千方百计地这样做:提高客单价,哪怕是二销;不惜一切代价地提高每场婚礼的利润率,比如做套餐;不断提升转化率。

这三种方式都是常规的经营思路。但里面也有我们经营者容易忽视的问题,即成本问题。接下来,我为大家总结下不赚钱可能的原因。

(1) 房租太高了

房租作为每月的固定费用,是无论业绩多少,都要按时交纳的。而且房租至少是按季度支付,如果一味追求面积大,追求高端大气上档次,你就很容易把赚的钱都给了房东。尤其是才起步的公司,如果租非常大的办公室,在业绩还没起来时,你每天压力都会非常大。

(2) 招人水平低，总想培养人

很多老板在很多方面自己都不精通，但是总有控制欲，担心招不到优秀的人，或者驾驭不住优秀的人，所以就爱招听话的人，还想花时间去培养人。你算过没？如果公司差销售人员，你自己水平也不行，此时你招了一个职场小白，这其中的隐形成本，你算过吗？如果你设计能力本来就不行，你还招一个人并花钱送他去培训，这些时间成本、培训成本你算过吗？

(3) 总想买道具便于下次使用

“当你拥有什么，你就被什么束缚；当你没有什么，天下都是你的。”这句话是我总结的，放在道具这里也适用。影响婚庆公司赚钱的成本除了人，就是物，而物就是道具。从你买道具的第一天，你就没有回头路了。躺在仓库里的道具未必能给你赚更多钱。

(4) 公司的全职人员太多了

凡是和婚礼日当天相关的岗位，都要从底薪＋提成模式变为众包模式，这句话也是我之前总结的，简单来说就是让尽量少的全职人员做与婚期相关的事务，因为这是不划算的。我这里所讲的岗位不一定是一个具体的人，而是一个角色，比如销售人员、策划师和督导人员，这里面的策划师和督导人员就受婚礼日影响。

还有，有些公司不大，已经有财务和人事了，其工资也是每月固定要支付的费用。人多了，你办公室面积也要相应增加，还会产生各种费用，这都是影响赚钱的原因。

(5) 公司层级太多造成管理成本高

当你招太多人进来，作为老板，一个人管理的精力肯定不够，此时要开始分部门，部门又要设置部门负责人，这些负责人只是通过管理向员工要业绩，而不直接产生收入。这样下来，管理成本又变高了。

合肥有位特牛的婚礼人单总,他认为婚庆公司要持续赚钱,就要破一个局:旺季的时候吃不下,淡季的时候吃不饱。言简意赅地总结了影响我们的行业问题。作为老板,很多时候不要被当下迷惑,与其局限于当下的“点”这种问题,不如花时间去研究“点”下面的“线”“面”“体”。

8.

公司倒闭的 5 个因素

在经营管理公司方面，作为老板，做正确的事远比正确地做事更重要。也许你也是这么认为的，但是又有多少人是这么践行的呢？我见过很多老板，即便他知道婚礼作品特别重要，但自始至终就没有见过他们公司拿出几个像样的婚礼作品。公司倒闭也许跟以下 5 个想法有关系。

(1) 酒店和客户资源胜过一切

销售漏斗的思维是很多老板都特别擅长的，大家思考自己业务都是漏斗思维：我想要更多的订单，我就必须有更多客户资源。老板就会想尽一切办法去拉酒店关系，谈更多客户资源。他觉得只要有客户资源，就能签更多单，却忽略了推动一家公司增长利润的核心是效果和服务，所以日复一日、年复一年地服用酒店销售这个“止痛药”。

(2) 转化率不高都是销售的问题

有句话叫求之于势，不责于人。大概意思就是你要给冲锋陷阵的士兵创造更有优势的战场或武器，不要奢望士兵凭借无往不胜的战斗力去赢得战争。当曾经很厉害的销售部门现在疲软了，如果是一个销售人员不行，作为老板，你可以质疑其是否是松懈了；如果是几个销售人员都疲软，你应该看看是否是自己产品没有竞争力了。销售人员怕产品难卖和士兵怕死是一样的，这就需要你为员工创造好卖的产品的势能。

(3) 没有重视策划师的培养

公司的核心竞争力就是婚礼效果和服务，策划师作为保证婚礼效果的最重要的核心要素，需要你关注其设计能力的持续提升。如果策划师的能力差，必然导致公司的作品没有竞争力。你还需警惕优秀策划师的集体离职，因为策划师从小白到优秀是需要很长时间培养的，如果公司遭遇集体离职，你的公司的竞争力将瞬间崩塌。因此，你需要做好策划师队伍的梯队建设。

(4) 没有设定创造作品的要求

很多公司做婚礼作品都是很随意的，只要觉得预算高且有创意就出作品。这种标准基本上等于没有，如果没有明确的规定，是很难让你这家公司制造出好的作品去赢得客户的信任的。我们公司会对每个策划师有明确的案例率（案例率＝作品数量/执行数量）的要求，这样每个策划师对作品数量就有清晰的规划，也就保证公司能持续稳定地输出具有竞争力的作品。

(5) 没做到对每场婚礼心中有数

最有可能导致你的公司没有竞争力的原因是，你不知道你们公司的作品有没有竞争力。这是作为老板的你根本就不关注同行作品和自己的作品，心中只有客户资源导致的。这样你很难做出有助于公司业绩增长的决策，因为你基本上屏蔽了营销 4P 中最重要的产品环节。我们公司有个规定，公司管理层及负责人要对每场婚礼的现场照片进行打分，以便于做到心中有数。

9.

谈单环境的 4 个问题会影响签单

有一次，我朋友带我去看一家准备转让的婚庆公司，去之前听说装修特别好，拿到就赚到。我去看了之后就劝朋友不要租，并告诉了他以下这几点原因。

（1）办公区隔断多，且压抑

这家门店一进去就给人感觉非常压抑。整个屋子呈 L 型，有两面靠窗，站在窗边可以看到外面的城市风景，这是上好的位置。但是老板把整个空间隔成一间一间的，靠窗的房间不是洽谈区，是给员工办公的。洽谈区位于员工办公区里面，且被隔成了几间包间，整体上看，办公区基本上没有空旷的地方，每个角落都很压抑。

（2）墙面颜色深，灯光太灰暗

整个办公区本来采光非常好，但受隔断影响，从进店开始就没有那么亮堂。而墙面也不是浅色，都是很暗沉的色彩，最重要的是灯光是暖光，让人有种昏昏欲睡的感觉。这种调性非常不适合接待客户，容易让人犯困，自然谈单效果也就不好。

（3）座椅太硬且无法让人放松

当你回家后，你会选择躺在沙发上还是坐在餐椅上？我想大多数人会选择沙发,原因是这样会让人放松。给客户坐的座椅也是如此,尽可能别选太硬的座椅,不然会给人一种在学校听课的感觉。最好选择比较矮的柔软的沙发,目的是让客户放松,这样才有销售人员进攻的机会。

(4) 桌子和窗户平行摆放

在该门店的洽谈区,桌子是和窗户平行摆放的,当客户坐在那里的时候,面对的就是玻璃外面很强的太阳光。如果是看外面风景没问题,但如果对面坐着销售人员,客户看销售人员的时候,眼睛就会特别不舒服。这样容易影响客户的专注力。

以上四点就是我反馈给我朋友的意见。后来我让朋友详细了解一下这家婚庆公司搬到哪里去了,答案为不是搬离了,而是关店了。

10.

记得给每场婚礼买保险

购买保险对我们婚庆公司的好处还是挺多的，先分享两件我亲身经历的事情。

有一次，我们成都公司有一位摄像师去某家酒店跟拍，一早就到了新娘住下的酒店房间。摄像师想拍一下婚纱的镜头，在房间里转了一圈没有找到能挂婚纱的地方，另外一个摄像师就提议挂在天花板的防火喷淋装置上。结果一挂上去就立马触发了消防的喷淋系统，最终把整个楼层都淋湿了。

还有一次是我们南昌公司在做户外婚礼布置的时候，所有人都去吃饭了，整个现场没人看守。后来我们从监控中看到，一位老大爷带着孙女路过，小女孩好奇去看我们现场的布置，这位老大爷一不注意踩住了背景杆，摔倒了。我们的同事帮忙把他送到医院，并垫付了所有的医药费。

比较庆幸的是，我们对每场婚礼都买了保险，保险公司按照流程帮我们进行了处理，也为那位摄影师，为与我们合作的执行公司减少了损失。

(1) 老板难以保证婚礼安全

作为老板，很难保证每场婚礼都不会发生意外，每个人的行为都是不可控的，哪怕每个员工都具有非常强的安全意识，也无法避免类似于那个老大爷的事情出现。一旦发生意外,造成的损失就很大。因此,最好的方式就是购买保险来避免这种风险。

(2) 出问题后费钱还费时

只要出现这类意外,老板就是第一责任人,如果没有买保险,这类事情都需要老板亲自出面处理。从时间成本上来看,这是不划算的。如果买了保险,自然有人协助你处理,为你节省的时间也是让你拥有了更多附加值。

从成本这个角度来看,保险是减少风险最好的方式。针对那种一旦发生,则损失不可控的意外,我们都要高度警惕。如果你买了保险,风险造成的损失就能被控制在可控范围内,重要的是你多了一个“和事佬”,保险公司的人会从理赔的专业角度帮你降低损失。

(3) 用确定的费用买风险

我们购买的是“组织者责任保险”,每场婚礼也就花不到几十元,这类保险针对的是被保人因为疏忽过失而给第三者造成的财产损失或者人身伤害的情况,保险公司会对第三者进行赔付。

我们根据婚礼可能会造成的损失评估过,因为希望的赔偿额越高,保费也相应就越高。最后,我们选择了赔偿金额不超过 5 万元的那种,我们认为这个费用对我们公司来讲就足够了。

11.

用好婚企管理系统

从 2019 年开始，市面上出现了专门为婚庆公司研发的婚企管理系统，也就是大家听说过的 SaaS 系统。这类系统主要被用于帮助企业解决效率问题。

在互联网技术如此发达的时代，我们婚礼人没有这类管理系统，就像行军打仗缺少武器装备一样，难道奢望士兵靠勤练格斗术，就能打赢装甲部队？这年代，除了拼团队能力，还拼技术赋能。

在你的销售人员跟进客户时，如果没有管理系统辅助，很容易跟丢客户，也不知道跟进客户的节奏。我们公司有自己的 SaaS 系统，每名销售人员每月至少可以同时跟进上百个客户，并签 20 多单，这就是效率。曾经需要 10 个销售人员才能做 100 单，现在只需要 5 个就能做到 100 单，这就为我们降低了成本。

作为老板，假如你决定使用管理系统，要痛下决心才行，因为你可能会遇到一些麻烦。

你要知道，做这种系统其实很有难度，不是开发难度，而是理解业务的难度，开发这类产品的人既要懂婚庆，又要懂互联网产品，最好还懂互联网技术。但是，这不是最重要的，最重要的是开发出来了，你的员工可能会告诉你不好用，原因是没人愿意改变，大家容易排斥。

SaaS 系统面对的最大的三个敌人是组织、流程和制度,由于这类系统会贯穿你的业务流程,如果它和你的现有流程冲突,你就要调整现有流程。这类系统涉及的相关角色不一定和你公司的岗位完美匹配,这需要你合理调整公司的组织和人员结构。由于流程上有了相关变化,也就改变了你工作中的相关制度,需要你重新打磨公司的制度。

那么,如何挑选适合自己公司的管理系统?

(1) 找多款同时试用

SaaS 系统的开发门槛不高,抄袭成本也比较低,对我们婚庆老板来讲,很难挑选。最好的办法就是同时试用多款系统,花几天按照虚拟的业务流程亲自试用一遍。

(2) 看核心开发者是否懂行

这里是指看这个管理系统的核心开发者中是否有懂婚庆这个行业的人。如果有,那你还要看这个人过去的背景,是否经营过婚庆公司?过去经营得怎样?是否熟悉岗位工作?是否亲自运营过婚庆业务?

12.

左脑用好 AARRR 模型

假设公司遇到了业绩不好的情况，作为老板，你召集公司的管理层在公司开会，商讨如何提高业绩。A 觉得要加强和酒店渠道的合作，B 觉得要刺激销售人员的积极性，C 觉得要给新人的婚礼提供惊喜感，D 觉得要把统筹服务做得更好……

这样探讨下去，估计你都听晕了，不知道该如何下手，也不知道到底哪个问题才是核心问题。因为大家都是依靠过往的经验在提出相关的解决方案，或者依靠灵光乍现的点子出谋划策，所以花了很多时间探讨也找不出真正的答案。

我们公司的员工都是爱学习的人，大家会用一些思维模型去解决问题，这些思维模型都是被一些优秀经营者总结出来的思维方式和逻辑。这次给各位老板推荐的是 AARRR 模型，这个模型能够帮公司经营者发现关键问题，让你就像带着一个检测仪一样去检查公司到底出了哪些问题。

AARRR 模型俗称增长模型，这 5 个字母分别是“获取、激活、留存、变现、推荐”的英文单词的首字母。我之前文章提到的“销售漏斗模型”就是根据其演变的，分别是：新增、有效、邀约、到店、签单。我结合我们公司的业务流程介绍下如何使用。

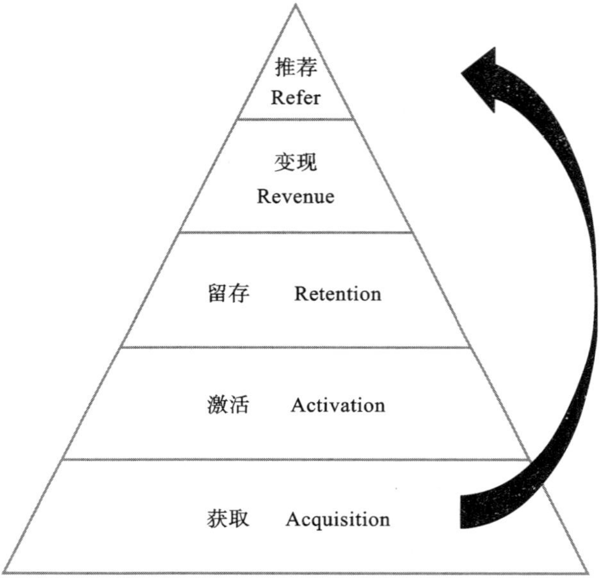

AARRR模型

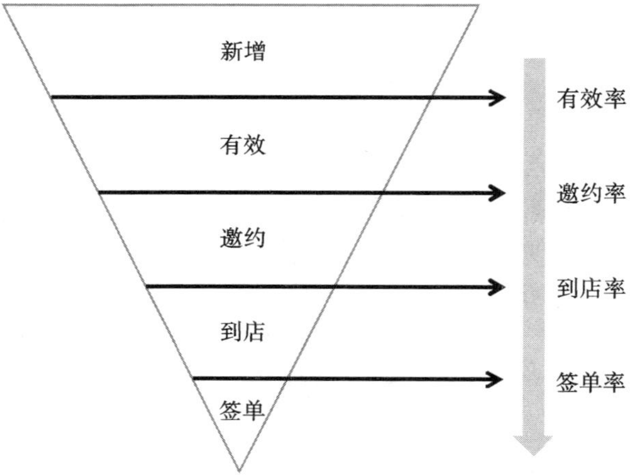

销售漏斗模型

(1) 获取

我们要关注从每个渠道获取的客户,可以按日期和渠道来统计,比如 2020 年 6 月 8 日,从小红书获取了 5 个客户,从大众点评获取了 3 个客户,从 A 酒店获取了 2 个客户。这类客户你就要用本日数据和前日数据进行环比,可以和上个月的同一个时间进行同比,也可以分渠道进行比较,目的就是分析数据,找出影响数据变化的因素,进一步地优化。

(2) 激活

无论是酒店销售人员给的客户电话,还是从微博得到的客户电话,都需要你进一步激活,如果客户没有理你,那这个客户就是无效客户。针对不同渠道,还需要拥有不同的激活话术,并用其培养更多销售人员以标准化的程序跟进客户。根据公式:有效率＝有效客户数量/新增客户数量,我们可以分析每个渠道的质量,比如有些渠道的有效率为 80%,这种就很高;有些渠道的有效率只有 10%,这种就很低,你就要分析原因,或者判断要不要继续在该渠道投入时间和金钱。

(3) 留存

关于这一点,我们关注的是“中途放弃”的客户,也就是未被留存的客户。当你有 100 个有效客户了,你的任务就是轮流和这 100 个客户交流,目的是邀约他们到店签单,中途肯定会有客户因为种种原因而被我们销售人员放弃,我们就要分析到底是什么原因导致其放弃的。对此,我们又做了一个公式:放弃率＝放弃客户数量/有效客户数量。这个数据是非常重要的,研究客户为什么不选择你,比研究客户为什么选择你更重要,这是很多老板都不会在意的地方。如果放弃率一直很高,作为老板,一定会坐如针毡,一定会想办法去优化。

(4) 变现

在我们公司,我们把这一点拆为三步,分别是:邀约、到店和签单。

邀约:邀约到店,是我们销售人员持续努力的目标。这里的公式是:邀约率=邀约客户数量/有效客户数量。

到店:尽管邀约了客户,但不一定每个客户都会到店,有可能客户中途被其他婚庆公司截流了,或者客户觉得我们公司不好,放弃了,这其中的原因,都值得我们分析。这里的公式是:到店率=到店客户数量/邀约客户数量。从这个地方就最容易看出公司每个销售人员的本事,你可以拿每个销售人员的邀约率进行横向比较,也可以拿一个销售人员的邀约情况做环比和同比,这可以帮你了解销售人员的状态,还能帮你分析有些客户答应来,结果没来的原因。

签单:这是最重要的"变现"环节。这里的公式是:签单率=签单客户数量/到店客户数量。看到这里,我已经为你画出婚庆公司的销售漏斗模型了:订单转化率=有效率×邀约率×到店率×签单率。你想抓公司业绩增长,就抓这 4 个率,让这 4 个率不断往上升就可以了。

(5) 推荐

很多人以为,到了签单环节,与一对新人的合作就结束了,我以前也是如此认为。但 AARRR 模型告诉我们,我们还需要持续关注推荐率,也就是我们常说的转介绍。如果一家婚庆公司的转介绍量太低,这家公司就会做得非常累,而且特别费钱。而想推荐率高,你就不得不去关注你这家公司的 NPS。

13.

右脑用好 4P 模型

你可以把 AARRR 模型看作左脑,帮你理性地看透从渠道获客到转介绍的各种转化率。而 4P 模型就是右脑,帮你感性地看透公司的产品、价格、渠道和推广,让你不断自省公司的竞争力有多强。

从供需两端来看,AARRR 模型是帮你从需求端看问题,而 4P 模型是帮你从供给端看问题。还有一个角度,需求端是帮我们从外向内找问题,供给端是帮我们从内向外找问题。这就像 2 个自检清单,能帮你发现问题、分析问题、解决问题。

下面我用 4P 模型为大家拆解一下婚礼堂。我之前说过“婚礼堂的发展与其说是婚庆公司为了利益去推动的结果,不如说是酒店业为了竞争不得不做的选择”。过去酒店之间的竞争,在产品方面就拼装修和口味,当然好地段也是优势之一,所以一家新的酒楼只要装修漂亮、地段不差,生意一定好。

大家如果在产品上拼得差不多,就会在价格方面做一定调整。你看,基本上每家酒店都会死死盯着附近的竞争对手的价格,但是大家都有一个成本底线,所以无论怎么竞争,也不可能以亏损的方式来经营。当然这里面最好的办法就是让消费者没办法比较,也就是差异化竞争。“婚礼堂”这个产品便应运而生。

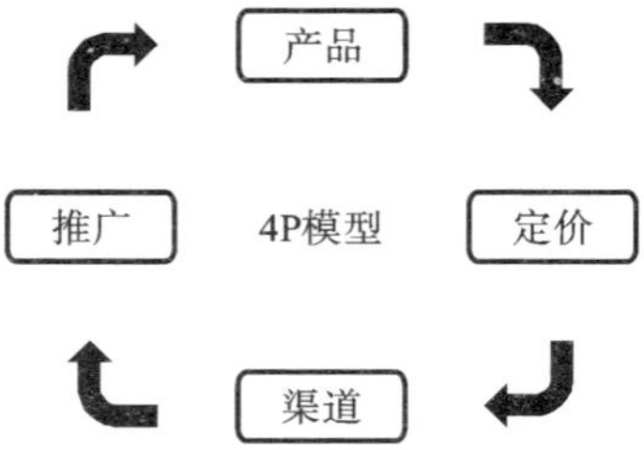

为了竞争,大家还会在渠道上拼,以前开家酒店坐等来人就行了,因为就你一家,没有竞争。随着交通便利了,周围开的酒店也多了,你开始拼渠道,以前就是去小区门口、附近公交站或地铁口发传单,现在有了美团和大众点评这些新的渠道,你又要去线上投放广告。所以说,面对竞争,最大的受益者是拥有流量的平台。

以前很多酒店都开在街边,而现在大部分都搬进了商场,这属于4P中的哪个P?这属于渠道发生变化了。在重庆有很多成规模的酒店,是跟着某个地产商走的,地产商开的商场到哪里,它就开哪里,很容易规模化,地产商所用的一切营销手段都会成就那些酒店。

最后就是推广,如果酒店都去做婚礼堂了,产品竞争的边际效益递减了,价格饱和了,渠道能变的也变了,就只剩推广。推广就是在传播品牌方面想办法,让自己的品牌更容易占领消费者的心。我所在地的酒店能做好推广的不算多,同庆楼算一家。在推广方面多花心思,也许可以杀出一条“血路”。

对于经营一家婚庆公司,拥有好产品有利于定价,合理的定价有利于打开渠道,更多的渠道有利于推广,优质的推广有利于产品销售,这个由4P驱动的飞轮就转动起来了。

第十章

团队管理的长期修炼

1.

招聘中常犯的 5 个错

很多老板或管理者把注意力更多放在显性成本上，却很少关注隐性成本。什么是显性成本和隐性成本？显性成本主要是可以在财务报表上量化的成本，比如办公室成本、物管水电、电话宽带、人员工资、五险一金、渠道费用等。隐性成本主要是难以量化的成本，比如工作沟通成本、团队磨合成本、招聘成本、培训成本等，由于很难用具体数字来进行量化，也就容易被忽略。

招聘是我认为重要性仅次于制定战略的工作。作为老板，你成立了一家公司，你就作为这家公司最重要的要素，在无形中塑造着公司的环境。当你招了第一个员工，这个员工的好和坏都将被带入这家公司的环境中。如果你气场强大，比如你喜欢学习，你就会影响这个员工，这个员工会因你而改变。当然员工也会有其优点，大家会互相影响。

值得注意的是，影响分为好的影响和不好的影响。在招人的时候，你需要关注每个人的优缺点。

我曾经就因为没意识到上述的情况，在过去犯下了好几个错误，我将我的错误总结如下。

(1) 培养比招聘重要

曾经，我觉得自己无所不能。因为我属于比较上进的人,我认为只要是一个聊得来、价值观正确、有上进心的人,我就可以把对方培养出来,而且自己培养出来的人肯定管理起来更得心应手。

现在来看,这样做会占据自己很多的时间和精力。而假如培养的员工突然离职,成本就更大了。

(2) 喜欢招便宜的人

当年,为了节约费用,一看到要求高工资的人,就觉得不划算。其实内心还有一种恐惧,担心招来的人能力太强,不服从自己的管理。

现在看来,招人的目的是替公司解决问题,那些工资相对低的人其实能力也相对有所不足。本来我的能力才 7 分,我招来的人如果是 6 分,我们俩平均分就是 6.5 分,而如果我招人的人是 9 分,我们的综合战斗力就是 8 分。招人是为了弥补我们的短板,而不是满足自己的控制欲。

(3) 花太少时间招人

以前急着要人的时候,恨不得来个感觉差不多的人就立马让对方上岗,加上自己有种控制欲,觉得服从管理的人才是最好的,于是自己很少把太多时间投入在招聘工作上面。

现在来看,作为公司负责人,必须要花大量时间在面试上面,甚至在公司规模不大的时候,可以亲自去筛选简历。看似花了很多时间,但只要能招到一个优秀的人才,其实就为自己节约了更多时间。

(4) 从不亲自招人

当公司有了 HR 之后,我开始重度依赖 HR,认为招聘就是 HR 的事情,只要把岗位说明书写清楚并交给 HR 就行了。

现在来看,熟悉每个岗位职责的一定是部门领导和公司负责人,让 HR 都熟悉的难度太大了。所以,招聘最好是自己亲自把关,HR 做协助就好。

(5)没有招聘标准

估计很多老板都和我当年一样,岗位说明书是从别人那里抄来的,面试时就随便问些问题,感觉对了就录用了。

现在来看,我们针对不同岗位制定了不同的岗位说明书,也画了不同的能力模型。从面试表,到性格测试,再到所有的面试问题,都是精心设置的,每个问题都是在帮我筛选面试者是不是我需要的人。

2.

3 个措施提升新员工的留存率

当你听各种 HR 大咖讲解了人事方面的“选育用留”,甚至亲自学了人力资源管理六大模块:人力资源规划、招聘与配置、培训与开发、绩效管理、薪酬福利管理、劳动关系管理。然后把这些理论应用于实践中,好不容易亲自面试招来了一个人才。到了他第一天上班时,你正在欣喜若狂,部门负责人却告诉你“他下午没来了”。

抛开他遇到了更好的工作的情况,可能是你们公司在他初来的时候,没有给他更多的关怀,或者没有让对方感受到公司对其的意义。我结合我们公司的情况给出 3 个建议。

(1) 入职当月倍加关心新同事

入职第一天,对方对公司的一切都是陌生的,这第一天是否让对方感受到公司的氛围和温度就非常重要,如果第一天过了,第二天还在上班了,这个坎儿就过了。

接下来就是第一周,这一周,对方基本上在反向考察你的公司:同事中有没有自己喜欢的,领导是不是自己喜欢的,工作内容是不是自己喜欢的,公司发展是不是面试官说的那样……

第一周过了,这个员工就有沉没成本了,对方会觉得自己上了一周的班，如果现在离职可能都不会有工资。

第一个月，对方主要会考虑自己的能力问题，也就是自己能否胜任这项工作的问题。

(2) 安排新同事的指引人

从入职第一天，除了让人事给新同事办理入职手续，你可以请人事提前安排一位和对方工作岗位、职级差不多且有主人翁意识的老同事成为这位新同事的指引人。

这位指引人可以带领新同事参观办公室环境，了解自己的工位在哪儿，卫生间在哪儿，吸烟区在哪儿，吃饭的地方在哪儿，让对方消除对环境的陌生感。还可以带着对方认识公司每个部门的同事，通过相互的介绍点燃对方在公司的存在感。指引人还可以和对方互加联系方式，让对方感受到指引人对其的关注。

除了交代公司的作息时间等，中午一定要陪对方去吃顿饭，如果有条件也可以带着几个同事一起去，这点非常重要。你可以想象一下，如果你被冷落在一旁不知所措，是不是会有种想离开公司的想法。

这位指引人是你留下新同事的过程中最重要的角色，需要指引人陪伴对方至少一周的时间，如果有条件，陪伴一个月是最好的周期，这样就会大幅度提升新员工的“留存率”。

(3) 上级领导要循序渐进安排工作

在新同事入职的第一天，上级领导最好组织部门同事举行一个简单的欢迎仪式，不需要大排场，仅仅是让同事们把手里工作放下，一一自我介绍一下就行了。这样可以让对方感觉到上级领导对自己的关心，也能感受到整个团队的士气。

上级领导切忌在第一天就给对方布置过多的工作，可以花时间和对方单独交流一会儿，介绍下部门基本情况、岗位职责、工作流程等，也可以分享部门最近的收获和鼓舞人心的前景。

上级领导在对方入职一周后再安排适当工作比较合适，因为第一周可能会有公司相关的入职培训。但是也不能让对方闲着,不然对方会觉得自己没有得到重视。工作量和难度需要随着时间循序渐进,这个度一定要把握好。

新同事都是公司层层筛选出来的佼佼者,招聘也是有成本的,公司所有人都要力所能及地帮助新同事融入整个团队,并令对方发挥出全部力量。

3.

搭建核心班子的4个常识

很多婚庆公司的人效一直上不去，有个很重要的原因是核心班子，也就是负责管理的几个人存在问题。搭错核心班子会导致很多问题，如“占着茅坑不拉屎”、初创人员分道扬镳、核心成员拉帮结派。正因为婚庆公司门槛太低，所以很多老板在初期没想过这个问题，认为夫妻一条心可以做，兄弟姐妹一条心可以做，随着公司的发展还会邀请亲戚朋友共同参与。

企业的组织结构一定要服务于你的业务战略和经营指标，经营婚庆公司的门槛低不代表对核心班子没有任何要求，更不要抱有先做着后期再调整的想法。结合我这么多年的婚庆公司创业经历和部分同行起落的见闻，我对婚庆公司搭建核心班子有以下几个建议。

(1) 尽量不用亲戚

这是一个比较麻烦的事情，身边有很多同行都是以夫妻和兄弟姐妹这类关系搭班子，这样会出现情感影响决策、关系影响发展的情况。当你觉得自己亲戚不合适的时候，你是开除、换岗还是分拆呢？

(2) 共同愿景是否一致

当你有做婚庆的想法时，你心里想把婚庆这事做好，并知道做婚庆会熬夜、受气，但你依然前行，这就是你做此事的原动力,它让你遇到风浪也愿意扛过去。初期,也许你想邀请身边朋友加入,如果对方对婚礼并不感兴趣,只是听说很赚钱,你最好不要选这类朋友加入。对方很容易在遇到不如意的时候选择放弃。中期,如果想邀请朋友加入,多看对方是否容易被现场感动。因为仅仅靠赚钱这个想法并不容易坚持,真正让更多人愿意熬夜做婚礼的原因是,他们享受着婚礼的现场故事感动的感觉,享受着客户满意后的诚挚谢意,这是一种情感激励的正面反馈。

(3) 背靠背的信任和包容

很多核心班子闹矛盾的原因是不信任对方了。作为老板,当你对你的股东不信任时,会减少授权,也会各种怀疑,当你有这种行为的时候,只要对方不傻都能感觉到。在没有信任的前提下,你的股东也不会创造多少价值。背靠背的信任就是你相信对方决不会偷懒、做违背原则的事,遇到对方犯错时,你相信对方肯定是无心之过,而不是人品不行。

(4) 你和对方的能力是否互补

这点尤为需要婚庆老板注意,很多时候公司止而不前就是这个原因。如果我擅长营销,另外两个搭档也擅长营销,或者我擅长做设计,其余搭档也擅长设计,这说明我的搭档所擅长的和我一样,没有互补。这样的班子发展到一定阶段就很难打开局面,除非我或者我的某个搭档选择突围,但这样做的难度挺大的。

更可怕的是,公司没有其他股东,就靠自己单枪匹马,比如你只懂设计,不擅长销售,也不擅长获客,公司就很难发展;或者你就擅长做渠道获客,但是不擅长设计,你就只能卖套餐婚礼,这样的公司你会越做越累。

4.

初创公司别花太多时间培养小白

大部分婚庆公司,不管是处于地方的头部,还是处于腰部,甚至是处于初创阶段,都特别喜欢花时间招一群小白,并把自己认为不错的培训内容亲自讲给这类新同事。这种方式是万万不可取的,原因如下。

(1) 这不是紧急且重要的事

如果你是初创公司老板,交着租金,之前还花了一笔装修费,此时你处于极度亏损阶段。客户都还没几个,你不去想办法获客和抓订单,反而招一堆小白来公司,还要花时间培训,这时间就浪费了。

如果你是职业经理人,不要认为只要自己整天特别忙,老板就觉得你很有价值,你真正需要关注的结果是今天有没有订单,这才是当下该做的事儿。

(2) 培训见效太慢了

很多人喜欢培养人,原因不是找不到合适的人,而是自己控制欲强,甚至怕找到比自己优秀的人,自己在公司的存在感就没有了。还有些人觉得能力强的人不好管理,总爱找听话的人。

如果你也这么想,那么你最大的敌人应该是自己,时间会狠狠教育你。你想过没,以自己的水平,能培训出多好的员工?从培训到实操,再到对方成长所花的时间,你算过吗? 公司的发展等得起吗?

(3) 左算右算都不划算

我建议最好来算算账,看这样做,到底是赚了还是亏了。比如招 4 个人,如果你要求不高,就看个长相,按 5 选 1 的比例,估计也要面试 20 个人,从招聘到面试再到上岗,如果你每月只想赚 3 万元,你每天的时间成本为 1000 元,招 4 个人至少需要 2 天时间,这就是 2000 元的成本。

你再培训 5 天,这是 5000 元的成本。如果你还给每人每月工资 2400 元,4 个人 5 天就是 1600 元。如果让他们学会销售和策划的技能至少需要 3 个月,2400 元底薪×3 个月×4 个人=28800 元,加上上述招人、培训、底薪,合计是 37400 元。这还没算你或者职业经理人在这阶段耗费的机会成本。你拿着这些钱直接去找一个在这领域中能力强的人,“不香”吗?

最后我想说,各位婚礼人,如果真需要招人,千万别想着自己培养,最简单直接的方式就是去市场上找到最合适的人,检验的方式就是看这个人的岗位胜任能力。

5.

初创团队的分工

由于婚庆公司门槛低，很多公司都是在只有两三个人的时候就开始接单和做婚礼，啥事都做，每天每个人都很忙碌。这样的起步绝对靠谱，反而一来就搞大团队的公司风险更大。随着业务量增加，此刻你就得注意了，不能继续让团队成员没有任何分工，这样就是把全体成员每月能产出的价值和婚期完全绑定了，因为此刻你根本没办法在不分工的情况让每个人每天的工作价值都保持在稳定创造的阶段。

作为老板，你应该出来做市场部的工作，目的就是获取更多客户，有客源才有订单。如果你不懂，就应该去学。如果实在学不会，初期可以放弃线上获客，主抓线下获客，这是公司初期重要的资源，抓在自己手里更靠谱。

销售工作应该集中在一个员工身上，而不是让策划师又做销售又做策划。多家公司都在抢订单，所以你需要让销售人员更专注于签单，不然稍微不注意就被其他公司提前锁单了。

你会发现，这样一来，销售岗位的产出价值不会受婚期波动的影响，销售人员每天都可以跟进客户和订单，这样工作效率自然就高了。

策划师做婚礼的水平是一家婚庆公司是否具有竞

争力的决定因素,这里的策划师是指具有设计能力且懂现场还原的人,这种人是行业稀缺的。初期,你可以让策划师与客户沟通、做方案报价和下执行单,把婚礼现场布置交给执行人员去完成,这样这个岗位的产出就不会被档期限制。

这样分工后,公司就有三个部门:市场部(获客)、销售部(签单)、策划部(方案)。那么问题来了,平面设计谁做?执行和道具怎么办?

在公司逐步壮大后,策划师最好会使用设计软件,这样他就可以包揽一切视觉效果的设计。如果策划师除了不会设计软件,其余都很牛,那你可以把平面设计和效果图外包,千万别招人,因为这个岗位的工作不饱和,等订单量足够支撑一个设计师的每日饱和工作量的时候再招全职。

创业初期,道具能不买就不买,要买就买仿真花这类使用率特别高的道具。执行人员也是如此,订单量不大的时候,能外包就外包,到量大到需要一个人专门负责管理道具和安排执行的时候才招人。

6.

高效解决同事错误的 7 个步骤

作为管理者,你要明白,婚礼人的文化素养参差不齐,近几年虽然好多了,但目前依然处于发展迭代时期。现在婚庆公司的从业者基本上年纪都不大,很多婚庆公司老板都说这群同事不好管理:家底儿好、不缺钱、脾气大、很自我,一言不合就离职。有时候遇到同事犯错时,都不知道如何沟通。作为管理者的你,是否也遇到了这类情况?来向我倾诉的老板倒是挺多的。

对于人才的管理就没轻松过,因为人类天生就有惰性,但是管理确实有很多方法,这些方法都是可以习得的。我也是从 2015 年单独管理重庆公司时开始进步的,以下是我平时常用的方法。

(1) 遇到问题快速处理

当你遇到一个同事犯了错或者没有达到工作目标,作为管理者,一定要快快处理。如果时间过太久再处理会显得你斤斤计较。处理时,需要面对面沟通,但千万别当众批评他,哪怕是在和我们合作的"四大金刚"、供应商、花艺师等人的面前,因为这样会让人家特别没有面子,私下交流是最好的方式,这样会让对方觉得自己被重视。

(2) 就问题达成一致

如果你觉得对方有过错,千万不要一见面就指责对方,你的判断有可能是有误的。你需要先和对方确定,这个问题是不是对方造成的,这种确认也是有技巧的,不要表达观点,要陈述事实,比如不要说:“我觉得你今天搭建现场不用心。”而是可以说:“你今天做的那个花艺造型改了三次,是什么原因呢?”

只有确定了问题,对方才会主动认为自己做得不对,也才有改正错误的可能。

(3) 要给对方解释的机会

人都是你亲自招的,对方的品性你肯定都有一定的了解,你要相信,对方不可能无缘无故犯错。需要你花点时间先把这个问题发生的经过说出来,并要耐心地倾听,帮助对方深入分析问题发生的原因,这样对方也能感受到你对他的用心。

(4) 对事不对人

我以前也属于无法把人和事分开的人,但这点非常重要。比如,你不能说人家总迟到,这种就是针对人的说法。你可以说:“我看你本月差不多有 5 次以上在 10 点后才到公司,这是遇到什么事情了吗?”这种说法就是针对事情本身的说法。

(5) 强调问题的重要性

在遇到上述同事频繁迟到的问题时,他自己如果没有意识到迟到这个错误的严重性,就需要你告诉他按时上班的重要性。比如:“因为你迟到,最近好几个同事都要我关心一下你,看看是不是遇到什么问题了。”“你看,你的迟到已经影响到其他同事了。”

(6) 协助对方制定解决方案

既然对方犯了某个错误,你作为管理者,需要协助对方解决,只有解决了才能达到你找对方沟通的目的,在制定解决方案时一定要遵循 SMART 法则。

(7) 以褒奖的方式结束沟通

当你发现同事有问题,沟通时就会有点批评的意思,哪怕你按照上述 6 步来做,对方可能还是会有点不高兴,因此在结束沟通时依然要讲究方法:抓住对方最近表现优秀的地方进行表扬,并告诉对方,公司需要他。

7.

优秀领导的 4 个共通点

我身边有一种老板,总是为员工频繁离职而犯愁,聊起原因,却一直叨叨着员工的不对,自己对这儿看不顺眼,对那儿也看不顺眼。对于员工离职的原因,老板基本上会说是因为工资太低。我问为什么不给高点,回答是不值得给那么高。我问为什么不值得,回答是员工什么也不会。我问为什么知道人家不会你还招,回答是招不到优秀的人。你看,很多老板都是这样,如果真招不到优秀人才,就会降低要求,选择自己花时间去培养,培养过程中又嫌弃员工成长太慢,等员工忍气吞声地成长后没过多久,就跳槽或者单干了。

我认识很多优秀的婚庆公司老板,日常也从我们公司优秀的管理层身上学到很多领导的方法,发现他们身上有以下 4 个共通点。

(1) 自己以身作则,言行一致

有些老板对员工特别严厉,容不得别人犯一点错误,迟到半分钟就要罚款。自己却去得很晚,甚至到公司后当众玩手机游戏。

有这样的态度和行为,就是一个无法以身作则的老板,员工不相信跟着这样的老板能做好公司。老板就是公司的一面旗帜,在我们公司,CEO 每天都是精力充沛的,这样会无形中给团队以力量。每次团建地推，他永远是冲锋陷阵第一人。员工见此场景肯定会这么想："领导都在拼命做，自己条件不如他，我还有什么资格偷懒。"

（2）将人和事分开，多说事实

很多老板在和员工沟通方面或者日常为人处事方面，不容易把人和事分开。比如因为小王不认同老板对婚礼方案的建议，老板就认为小王不尊重自己，这就是典型没有分开人和事。正确的想法是：小王这个人平时还是不错的，工作积极性也很高，他否定的是对方案的建议，并不是在否定我这个人。

另外，要区分事实和感受，比如小王最近 3 天都迟到了，第 3 天刚好被你碰见，作为老板的你，直接问小王："你最近怎么经常迟到呢？"这就是表达感受，里面夹杂着你的情绪。如果你对小王说："我们平时是 9 点上班，这 3 天你 9 点半以后才到公司，是遇到什么问题了吗？"这就是陈述事实，小王也不会觉得你在指责他，而是在关心他。

（3）专业技能具有闪光点

无论做哪个行业，作为老板，要赢得员工的尊重，让员工愿意跟随，就一定有某项专业技能是员工值得学习的。有的工作室招人特别好招，原因就在于工作室的老板擅长做婚礼设计，这项技能既赢得了客户的选择，也赢得了员工的跟随。而且作为老板，必须在专业技能方面持续提升，这样才足以对团队取得成果做出重要贡献。

当然，领导还要具有预见问题和快速解决问题的能力，这样你的员工才能心甘情愿听从你的意见。

（4）与公司外人员维持良好的关系

重庆某婚庆公司老板郑总在做几个城市的同行联盟，经常邀请好几个城市的老板到重庆来交流，这样的行为是给员工展示老板和公司影响力的机会。老板要保持与外界良好的互动形象，当然，需要的是有效社交。

王阳明的心法中有句“向内求”,什么意思呢?简单来讲,凡事不要动不动就想去改变别人,改变别人太难了,你唯一需要做好的就是不断改变自己,因为容易啊,你想什么时候改变就可以改变。当你自己改变了,身边的人多少也会被你影响。

8.

避免员工做私单的3个举措

有些婚庆老板特别苦恼,有时候,员工得到了客户转介绍的新客户,要么员工A悄悄做了,要么A出方案,让A的朋友B来执行,在后面这种情况下,B还可以冠冕堂皇地向其公司请假说帮朋友执行一场婚礼。

我们换位思考,为什么A会做私单呢?答案非常简单,为了多赚钱。这个是主观原因。还有一个客观原因:新人最终想捡便宜。

客观原因是我们无法解决的,唯有解决A的主观原因。要解决这个问题,我们需要软硬兼施的方法。

(1) 用协议来保护企业利益

在每个员工入职第一天就要给员工说清楚,这本身是一个违法行为,作为老板千万别不好意思讲,还可以起草一份补充协议,里面可以提到任何涉及腐败事件的人员均会被实名公告。

(2) 不要吝啬回单的奖励

作为老板,千万不要吝啬对于员工的回单奖励。为什么?假如员工真的悄悄做了私单,你一分钱的收益都没有,但如果员工回单了,你多少也有赚,因为这类订单的成本极低,连时间成本都很低。你一定要有激励的奖励方案,比如奖励交易额的10%,比如利润五五分。我相信,当老板以这样的姿态处理回单奖励,作为员工会敬你三分。

(3) 做好转介绍的排行榜

从经济学角度来看,竞争繁荣了市场,当公司引入竞争机制,最终的受益者一定是公司。你可以针对转介绍的客户量做一个员工排行榜,一是让大家知道哪些同事真正在为公司创造更大价值,二是要有对这类贡献价值最大的员工给予奖励和岗位晋升,三是针对毫无转介绍的员工可以采用末尾淘汰制。

作为老板的你,需要将公司看成一个系统,员工就是系统里面的要素。刘润老师说过:“不要期望改变要素,而要改变连接关系。”好老板是善于用组织、流程、制度来经营好自己的公司的。

9.

老员工跟不上发展的解决方案

很多婚庆公司都是从夫妻店或者几个朋友合作开店开始,随着规模扩大,逐步开始招人。你有没有这种感觉,无论公司开了多少年,让人记忆犹新的基本都是初创阶段,和合伙人一起熬夜做婚礼、一起在仓库分拣道具的经历。随着时间推移,你会发现,跟你合作多年的老员工,除了很忠诚,工作方面的战斗力基本上消退了,让你左右为难,你该怎么办?

(1) 行业的周期性人才更替

婚庆行业的周期性特别强,你的年龄一直在增长,但是你服务的客户平均年龄在 25 岁左右。已经在这个行业工作 10 年的人,基本上和客户沟通就有代沟了。这就是行业的周期,所以我们婚礼人要提前做好人才自然更替的心理准备。

(2) 不要轻易放弃老员工

对于跟你干了多年的老员工,我个人的主张是不要轻易放弃他们。这类员工主要是现在业绩不够好了,更多精力可能放在家庭了,还有就是工资涨幅基本上到顶了,升职的机会也不多了。如果轻易放弃他们,会让他们在价值观方面逐步发生变化,也会影响到其他员工的工作环境,这是得不偿失的。

(3) 反思自己是否松懈

这点是很多老板容易忽略的,做婚庆行业做了这么多年,也许会产生疲惫的感觉。很多人在主观意识上会开始偷懒,你不再是第一个到公司上班的人了,你经常会在上班期间去处理与工作无关的事情……这些状况,你的同事也会看在眼里,一家公司就一个独立的环境,处于其中的人都在相互影响。

(4) 开诚布公地和对方交流

当你发现你的老搭档跟不上节奏了,而你依然是战斗状态时,与其每天埋怨对方,不如找个机会和老员工开诚布公地交流。你可以把当前看到的问题一一陈述给对方,记住,少表达观点,多陈述事实。这样对方听后,也会重新思考如何平衡工作、家庭、生活之间的关系。

(5) 一起探索更好的机会

我在第一点就说到行业是有周期的,当你的公司发展遇到了增长瓶颈时,如果你没有好的解决方案,你可以做的事情是让你的老搭档去做新的项目,比如去开活动公司、婚纱店、西服店,这样可以极大地点燃对方再创业的希望,哪怕做失败了,还有婚庆公司在正常维持;而如果成功了,你就成就了对方,最重要的是在公司树立了榜样,能持续点燃现有员工跟你做事的热情,还能裂变出一个新项目。

第十一章

薪酬好才能业绩好

1.

员工工资差距不大很危险

赶紧查一下你公司所有员工的工资表，如果每个人的收入差距不大的话，你一定要警惕。这说明你们这家公司的员工潜力还没有被最大化激励，或者你们目前团队的实力比较平庸，还有一种情况可能是，你们公司有群员工可能在混日子。

（1）工资差距不大是对强者的伤害

当你去一家婚庆公司上班，你对赚钱的欲望非常强，同时也愿意吃苦，愿意去学更多知识，你相信可以通过自己的努力在当地买一套属于自己的房子。随着时间的推移，你发现身边有几位同事没有你那么拼命工作，也没有努力提升自己，但每个月的收入和你差不多。

这个时候你的心态就会发生变化，你就会花时间去研究那些同事，发现他们遇事永远不从自己身上找问题，只从别人或公司上找原因；有些人只做表面功夫的事情，向领导投其所好、拍马屁，领导可能就会把更高预算的单子给了他。当你看到别人偷奸耍滑就能拿到和你差不多的工资，你的心态就容易失衡。这个时候，你就被公司无情伤害了，你可能会离开，也有可能同流合污。这样的公司无法留住有潜力的和优秀的员工。

(2) 不要相信工资有秘密

很多老板可能真会偏爱某些员工,就会对每个员工说:不要透露自己的工资。这是在掩盖自己在薪酬设计上的不合理。就这么说吧,我曾经工作的每家公司,其员工都会明里暗里透露自己的收入,哪怕是年终奖,大家都会相互打听。与其让大家守住收入的秘密,不如创造让大家公开竞争的机会,这才是利于公司发展的。

这里不得不说年终奖,很多老板发年终奖时,几乎没有拉开不同人所得奖金的差距,这样会让跟你拼命干的员工非常失望,甚至是绝望。如果你根据员工日常创造的价值把奖金的差距拉大,这对公司有两大利好:一是教育了低价值的员工;二是鼓励了优秀的员工。

作为老板,一定要合理地设计员工的薪酬机制,还要设定分配客户的合理方式,让更优秀的员工接触到高单价的客户,以此把优秀的员工筛选出来,给他们超越期待的收入,不要让弱者占强者的便宜,不然真正的强者会离开你,最终留下的就是一群平庸之辈。

2.

好的薪酬设置可以提升业绩

每次讲到服务，不得不提到海底捞。其实仔细研究，之所以能驱动所有员工都发自内心地服务好每个客户是因为创始人张勇从一开始就把员工的钱分好了，师徒制就是分钱的模式，裂变更多分店也是建立在分钱的基础上。分钱比赚钱还重要。我曾经参加过刘润老师的线下课程，第一天给我们讲的就是如何分钱，他说过："和员工分钱的基本逻辑，就是用各种办法把强者从人群中挑选出来，给他们超出期待的奖励，并且保护强者不被弱者占便宜。"

(1) 薪酬是公司业绩的抓手

公司是通过全体员工创造价值换取收益，薪酬就是保障公司业绩增长的有利抓手。每个岗位的薪酬设置都服务于公司的业绩，我们需要把每个岗位的关键指标抓出来，这样才能让大家有清晰的思路去更好地发展。薪酬结构有很多种，但是基本上都是由"底薪+佣金+奖金"三部分组成，底薪是旱涝保收的收入，佣金是与销售额相关的提成，奖金是基于目标的奖励，比如公司本月要做 100 万元业绩，如达到目标，每人可以拿到 5000 元，这就是奖金，如果最终做到了 50 万元，每人就分 2500 元。一般奖金是可以灵活分发的，可利用月度、季度、年度目标相配合。大家熟悉的年终奖就是奖金的一种。有些老板不懂奖金的发放方式,最终年终奖就变成了凭老板心情来发,这是不利于员工做事的。

(2) 薪酬结构体现不同部门的关键指标

婚庆公司市场部的工作内容很多且很繁杂,其工作的最终目的是为了公司获客。我们先提炼出这个部门的关键指标,这里对“获客”有非常清晰的界定:有效客资,而非毛客资。一旦设置跟毛客资有关系的薪酬结构,这里面肯定就会出现弄虚作假、滥竽充数的现象。有了这个关键指标,你就知道薪酬中的提成部分一定和员工能够给公司获取的有效客资数量有关系,且这个提成的部分在工资里的占比应该是非常高的,至少有50%。

接着来看销售部,有些公司是销售与策划师一体的,我们先将这两个岗位拆开分析,便于不同公司理解。销售的关键指标是什么?很多人会在当月订单数和实收金额中犯难。其实这里面很好去权衡,记录当月订单数最终的目的是什么?还不是为了能收取更多客户的费用,所以每月实收金额才是衡量销售能力的关键指标。当月订单数可以作为鼓励销售人员签单的奖励参考指标,比如设置订单数超额奖。

然后就是策划部,策划师对婚礼效果负责,但是最终让客户买单付钱的,还是方案和性价比上的吸引力,策划师的方案决定了新人花多少钱,那么在考核策划师的能力中,实收金额依然是关键指标。但是如果只考核实收金额,可能会出现策划师不计利润地去做出一套完美的婚礼的情况,这是不利于公司发展的,因此在实收金额的基础上,需要加上每场婚礼的毛利润作为关键指标。

最后还有统筹岗位、执行岗位、仓管岗位,这些属于业务支撑岗。统筹岗位在很多公司没有单独设置,都是其他岗位在兼做。这个岗位可以按场设置提成,唯一考核的关键指标是满意度,没有投诉就是满分,有投诉就扣分。执行岗位和仓管岗位的薪酬我没经验,究其本质来看,这两个岗位的工作量大小是基于婚礼场次和婚礼实收金额,那最重要的关键指标还是婚礼实收金额。

3.

市场部的薪酬设置

市场部负责婚庆公司的获客，考核市场部的唯一指标就是获取了多少有效客资。按照婚庆销售漏斗来讲，“新增客户”是第一步。无论是线上还是线下的获客，都将由这个部门负责。在薪酬设置方面都应导向“有效客资”。

（1）为什么是“有效客资”？

关键指标，代表公司或者部门全体努力的方向。无论是新媒体运营还是线下渠道拓展，工作内容无论是写文案还是做短视频等，这些都是市场部达成目标的手段。如果只是按为公司获取了多少客户信息来计算薪酬，是不利于公司长远发展的，这样就会造成市场部同事获取假信息以完成任务的现象，也给销售部同事增加了筛选有效客户的时间成本。所以应计算有效客资，让市场部所有同事靠有价值的工作结果创造收入。

（2）收入＝底薪＋提成

市场部的岗位依然属于业绩型岗位，底薪和提成的比例最好是：底薪小于提成。你可以根据市场合理收入除以 2 来测算底薪。如果你要考核出勤，可以加一个几百元的全勤奖，做线下渠道拓展的同事就考核外出打卡次数,钉钉这类 App 都是非常方便的管理工具。

提成=有效客资数量×浮动单价。有效客资数量非常好理解,重点在于浮动单价,这是一个绩效和提成结合的双驱动方式。所有人都知道,婚庆行业的获客确实会出现淡旺季,如果淡旺季的风险全让员工承受,员工就有点吃亏。你可以每月制订一个获客目标,比如:2020 年 10 月份新媒体获客的目标是 100 个,有效数量<60%,提成=有效客资数量×20 元/个;有效数量≥60%,提成=有效客资数量×25 元/个;有效数量≥70%,提成=有效客资数量×30 元/个;有效数量≥80%,提成=有效客资数量×35 元/个;以此类推,甚至可以做出超额奖励,有效客资数量≥120%,提成=有效客资数量×55 元/个(强调下,这个金额和比例只是为了方便释义,连参考都不算)。

(3) 浮动单价的好处

除了减少淡旺季的影响,当你有一个新员工入职时,你同样可以对其进行目标达成率和浮动单价上的薪酬设置。一个员工从入职到成熟肯定有个过程,你可以按阶梯式标准设置其每个月的获客目标,这样对方更容易接受。

还有一点,这样一来,用人成本就被老板牢牢抓在自己手里,“提成=有效客资数量×浮动单价”就变成了“提成=完成率×有效客资数量×对应完成率的浮动单价”,完成率=实际有效客资数量/计划有效客资数量。你看,每月的计划有效客资数量和浮动单价也可以推动老板或部门负责人与团队同事复盘,哪怕员工和你讨价还价,也是在确定目标,这是利于目标达成的。

(4) 成交金额与提成无关

有的婚庆公司将市场部的业绩和最终签单金额挂钩,我是不认同这点的。站在市场部员工的角度,这是不合理的。市场部获取的客资被销售人员判定为有效并完成签单后,客户最终在婚礼上花了多少钱其实和市场部员工几乎没有任何关系。所以,建议最好不要将市场部员工的提成和客户最终成交金额进行关联。

(5) 客户资源的成本谁掌控?

前文提及设置市场部岗位薪酬的时候,没有涉及成本考核,这样可能会导致市场部同事为了完成自己目标,花更多费用做广告投放,或者为了搞定线下渠道的合作而去请客吃饭或送礼。

线下渠道,主要是酒店和异业。如果公司不大,我一直主张老板亲自对接,或者由股东对接,以防万一员工跳槽或者单干。如果你公司已经做大了,在接待费和交通费这方面可以采用包干制,比如每月给相关员工发 500 元,用于负担此类费用,不管有没有请客,有没有送礼,出行是坐出租车,还是公交车。

线上获客的成本,还是比较好控制的。除了投放广告——这算是一个无底洞,这个时候你需要测算获客成本,并设置一个获客成本的上限,只要在合理范围内,就可以加大投入。毕竟投放广告的逻辑是先花钱、后赚钱,你把获客成本控制好就可以了。

4.

销售部的薪酬方案

销售人员的薪酬结构基本上是:底薪＋提成＋奖金。底薪和提成的比例至少要满足 1∶1,或者底薪小于提成,比如你希望你的销售人员每月正常情况下拿 10000 元,底薪可以设置为 5000 元或者 4000 元,提成方面和业绩相关,尽量要让销售人员拿到大于底薪的收入,这个叫低开高走。

(1) 市场调研后确定底薪

你需要知道销售岗在市场上的大概收入情况,因为这样便于你制定出合理的工资标准。比如当地销售人员大概每月收入在 8000 元,那你就可以将底薪设置为 4000 元或者 3500 元或者 3000 元,另外一部分就作为提成部分。

市场薪酬调研一定要做,但我不建议用让员工冒充应聘者的方式去打探别家公司的消息。有个比较实用的方法,当你面试应聘者的时候,请对方告诉你其在上家公司的薪酬组成方案,这样你就可以掌握这类信息了。

(2) 底薪可灵活拆为"固定工资＋全勤奖金"

底薪是每个员工生活的安全边际,我们作为公司经营者要给员工一定保障。薪酬方案是老板对员工工作行为的抓手，如果希望员工不迟到、不早退，可以设置一个全勤奖，比如你设置的底薪是 4000 元，那可以拆成 3500 元和 500 元两部分，这 500 元就作为全勤奖励。

其实底薪金额并没有发生变化，但你多了一个管理抓手。当然，在员工心里也多了一个额外的奖励，且拿到的难度系数几乎为零。

(3) 提成要考核订单和成交总额

由于婚庆公司的业务很特殊，不像很多领域是一次性付款，婚庆行业从获得订单到执行婚礼，周期长，一般要分 3 次付款：订金，中款 90%，尾款 10%。销售岗位如果只是考核成交总额，对每个销售人员都是一种煎熬。销售人员需要及时反馈，我们也要把反馈的时间颗粒度做小。你可以把提成方面拆分为两个环节：订单和成交总额，这样就能让销售基于一个订单做 2 次提成反馈。

签单后就可以算入订单提成，订单无论大小都算一个成交量，订单提成是一个固定的金额，比如一个订单提成 200 元，5 个订单就有 1000 元提成。很多老板在这里可能会考虑阶梯式提成，比如前 5 个订单每个提成 200 元，从第六个订单就算每个 300 元。但这种阶梯式订单可能会有个问题：销售人员会压单，比如他知道本月无法做到 5 单以上，干脆就放在下个月一起完成，这样可以拿到更多提成。所以这是不合理的提成方式。

合理的方式应该是上个月的订单业绩决定本月的订单业绩和提成金额，什么意思？比如：上个月订单＜5 单，本月每个订单就按 200 元提成；5 单≤上个月订单＜10 单，本月每个订单就按 260 元提成；10 单≤上个月订单＜15 单，本月每个订单就按 330 元提成，以此类推(注意：上面这些金额只是为了方便举例说明，不具有参考意义)。

当以上个月业绩决定本月提成的时候，销售人员很难压单，因为销售人员很难预测本月会产生多少订单，但是本月订单的提成又是上个月来决定,所以销售人员能做的唯有做好当下,拼尽全力。同时还有一个成交总额提成为兼任策划的员工进行激励,也就是上个月能订多少单决定本月执行的婚礼能占多少成交总额提成系数,比如:上个月订单<5 单,本月执行婚礼成交总额提成=成交总额×2%;5 单≤上个月订单<10 单,本月执行婚礼成交总额提成=成交总额×3.5%;以此类推(这里的具体数字是为了方便举例,不做任何参考)。

你看,当采用双因子销售激励驱动的方式时,你的薪酬方案就可以把每个人的潜力最大化,每个销售人员都会努力做好当月的订单,无论金额多大都先拿下,也就不存在销售人员去挑预算高的客户的情况。

(4) 新入职前三月要重订单奖励

考虑到一名新入职的员工,从入职参加培训学习到变成一位优秀的销售与策划师,至少要有 3 个月的时间。如果你想从零培养出一个销售兼策划师,公司就要承担这至少 3 个月的培养成本,这也是你的风险。要降低这一风险,你需要在招人方面花更多精力,不然培养成本就会较高。

当你吸引到有潜力的销售兼策划师,你就必须要用合理的收入把对方留下来。所以在前 3 个月成长期的薪酬方面需要给予更多的考虑,新入职的同事几乎没有成交总额提成,你在设置时就要偏向订单提成。订单提成可以高于转正后的至少 1.5 倍,除此以外,订单的阶梯数量也可以减少,具体减少多少你可以根据自身业务测算,至多是转正后的 0.8 倍。成交总额提成也应随订单提成进行调整。

为了激发新员工积极学习和钻研业务,可以再增设一些与订单结果相关的额外奖励,比如入职半个月内签单,可以额外奖励几百元。

(5) 激励销售主管带新人

主管既然是通过团队拿业绩,针对新员工的培养是义不容辞的。除了将主管的绩效和团队目标挂钩,在培养人才方面也可以设置相关的奖励,比如:自己带的新同事获得了额外奖励,主管也应该有相应的奖励;如果新同事提前转正,主管应该也要有一定的奖励。这是对主管的认可和激励。

5.

销售人员薪酬设置中的 5 个坑

分钱是做经营管理时最重要的抓手,可以说没有之一,为啥?因为制定薪酬方案就是通过分钱的规则驱动员工努力创造价值,并让其得到相应回报。我在 2013 年为了做“找我婚礼”项目专门到 2 家婚庆公司上班学习,期间我见证了身边一些优秀且有潜力的同事几乎都是因为工资的问题离开了公司。当然我在独立经营重庆公司的时候,也在薪酬方面犯过错,尤其在销售这个岗位上。在薪酬设置上,常见的有 5 个坑。

(1) 用更多的底薪挖人

有些初创公司的老板,尤其是求贤若渴的老板,由于担心底薪不够高而无法吸引优秀的销售人员加入公司,所以就会给出高于同行的底薪来挖人。这样的方式确实很有效,但是从长远的角度来看,是坑了自己,也坑了销售人员,为什么呢?

底薪是员工无责任的收入,是公司的固定成本,最多与上下班的考勤挂钩。不仅是销售人员,所有员工对更高的底薪,都会在很快的时间内适应,这个叫适应性偏见,其导致的结果是对销售人员的激励作用无法维持长期有效。

针对优秀的员工或者工龄很长的员工涨底薪也遵循上述同样的道理,正确的方式是给员工谈年薪,或者做更高的提成方案,以此激励员工勇往直前、乘风破浪。

(2) 销售底薪大于提成

很多老板觉得某些员工非常优秀,就会给对方涨工资,而涨的是底薪那部分。当底薪多于提成的时候,这对销售人员而言,是莫大的打击,这种情况会让对方感受到自己努力一个月,结果提成还没有底薪高,这个时候其心态就会发生变化,无形间把底薪这个数字作为自己的收入锚点,无法再调动销售人员签单的欲望。

任何人做销售,面对这样的锚点都无法理性,所以我们需要顺应人性,让底薪和提成的比例变得更加合理。本人有幸认识了我心目中最懂财务的山东婚礼人郭涛,他给我分享了他们公司销售的薪酬结构:底薪和提成的比例是 4∶6。我听后立马就说他真是高手。这种设置方式一定能够激发销售人员努力为公司争取更多订单,并争取签更高预算的订单,这样的薪酬模式会让销售人员觉得自己努力是为了让自己收获更多,这才能诞生如狼似虎的销售团队。

(3) 主管拿个人业绩提成

销售管理最大的价值是帮助团队提升销售能力并拿下更高的业绩,有些公司针对销售主管还考核其个人业绩,或者对其个人业绩比团队业绩的考核权重还高,这都不利于主管提升团队业绩。如果如此设置薪酬,销售主管几乎不会花精力在提升团队能力方面,因为团队做得是否好与自己关系不大,这个时候自己的收入又变成团队绩效的锚点。

如果主管还拿个人提成,这类主管就会想尽一切办法争夺公司最优质的客户资源,你就会发现,你们公司高预算的客户基本上在主管手里,这是非常不利团队长期发展的。

(4) 主管绩效与利润无关

如果销售主管不用做个人业绩,或即便是做了个人业绩也不算个人提成,这样主管就会把手里的一切客户资源逐步分配给部门的其他销售人员,并像导师一样抓每个人的业绩,这才是公司想要的结果。但是,如果你只是让主管的收入与业绩挂钩的话,又会出现主管为了业绩不断向公司申请各种促销政策的现象,促销是需要花钱的,最终就会让其形成一种牺牲公司利润达到自己团队签单提成目标的想法。这就是人性,与个人秉性好坏无关。

针对主管,你除了考核对方的业绩,还需要将公司的利润和主管的收入挂钩,这样就会促使主管站在利润最大化的角度帮助公司争取更多的订单和更大的订单。

(5) 忽视销售人员的异业合作收入

异业合作是很多老板忽视的地方,做婚庆行业,我们为了获客会去找酒店和影楼等上游进行合作。

婚庆行业的下游还有很多行业,如:婚纱礼服、西服定制、伴手礼、烟酒糖、婚车租赁等。你是否想过,当你没有正式和这类下游公司合作的时候,他们可能在悄悄找你的销售人员进行私下合作。与其让你的销售人员战战兢兢赚点外快,不如以公司名义正大光明地和几家公司合作。

你可以这么操作:将双方的销售人员拉入一个专属合作群,在征得客户同意的前提下,你的销售人员可以将有需求的客户的微信发到群里,此时让对方老板发一个几十元的红包,给你的销售人员一个及时反馈。等客户签单了,再次在群里发一个红包感谢你的销售人员。每月和合作公司对账,并将部分奖励再次分给销售人员,不仅你和合作公司能多赚钱,同时也让销售人员增加收入,三全其美。

第十二章
婚礼人的自我成长

1.

让婚礼人更赚钱的 3 种杠杆

有次，我遇到一位在婚庆行业摸爬滚打 25 年以上的前辈，和他交流下来，他表示越往后越吃力。身处婚庆行业的你，是否想过在这个行业如何赚到更多的钱？

答案是：使用杠杆。什么是杠杆？我给你举个例子就明白了。你想买套房，如果是首套房，这套房假设总价 100 万元，首付可以付 3 成，按揭 20 年，也就是说你只需要支付 30 万元现款就可以拥有一套房子，这 30 万元和 100 万元有 3 倍多的差距，这就是你的杠杆。5 年后，这套房涨成了 200 万元，通过这个方式让你只花了 30 万元，赚了 100 万元，这就是杠杆的威力。

我们这个行业很难产生特别有钱的人，这是行业属性决定的，我们能用的杠杆机会太少。当然，既然选择了婚庆行业，我们婚礼人能利用的杠杆是什么，你得了解下。

(1) 时间

无论哪个职业，都是通过出售自己的时间创造价值以赚取相应的收入。那如何突围呢？

唯一的办法就是花钱购买别人的时间，创造更大的价值并卖出去，你利用自己的智力和风险换取了更多的收入。这里面你可以实践的是做团队主管，或自己开公司。为什么“四大金刚”特别擅长去组建团队？

他们收取的每单费用或者管理费就是团队负责人的杠杆。很多人都说婚庆公司留不住人,原因就是这群人大概懂得了把自己的时间卖给老板是不划算的,不如自己单干或者像自己老板那样买别人的时间作为自己的时间杠杆。

(2) 金钱

金钱是最好的杠杆,我身边有这么一群朋友,啥工作都没有,就是拿着自己的钱买房买商铺。还有朋友是通过网约车赚到了钱,他在 2012 年自己跑网约车,每个月大概可以赚 3 万元,第二个月按揭了一辆车,并花钱请了个司机来跑。又用赚的钱去买了第三辆车,再请一个司机来开。这是既用了时间的杠杆,又用了金钱的杠杆。

对于我们婚礼人来讲,我们能用的金钱杠杆是什么?有些花艺师自己买了仿真花,他人想找其做单独插花,就得租用其的仿真花,这就是用自己的金钱投入的仿真花作为杠杆在变现。还有一些场工,他们用自己赚的钱购买了道具,为婚庆公司做整包婚礼执行,这是用金钱投入于道具的杠杆。

不是所有人都能用好金钱杠杆的,尤其是那些连投资和消费都分不清的人,一个人能驾驭金钱杠杆,说明其对商业的判断能力是极高的。

(3) 产品

这里面有两种方式,第一种就是把自己的能力变成一种专利或者商品,自己坐享其成,比如作家写书、歌手出唱片、明星出演电影,这都是把自己的能力变成一个商品,只要内容好,就足够吸引人为此买单,这个杠杆系数就很高。还有一种杠杆,就是把自己变成一个产品,比如做培训,教一个人也是教,教两个人还是教,所花费的时间都一样,但是人越多,杠杆也就越高,收入自然就更高。

在我们这个领域,优秀的“四大金刚”就喜欢办培训班,还会售卖网课。更成功的是搭建了一个学院邀请别人来教授,比如我们的美美学院。当然还有在获客方面的运用,为什么网络获客一定比线下获客更有效率，因为线下基本上是一份时间换取一个客户，网络方面就不同，你发布了一个抖音视频、一条微博状态、一个小红书笔记，原则上这个内容只要做得足够好，就会源源不断为你获客，这是因为你的内容承载于新媒体，你的能力产品化了。还有，你看我们行业的策划师大咖热衷做婚礼堂，那是因为以前做婚礼就是典型的一份时间换一份收入，做婚礼堂就不一样了，如果你能力强，你就可以要求分佣婚礼堂的收益，这样可以驱使策划师更用心、做得更好。

最后我想说，时间杠杆是在考验一个人做事的魄力和管理别人的能力，金钱杠杆是在考验一个人进行商业判断和风险管控的能力，产品杠杆是在考验一个人的自我核心能力是否可以复制并实现产品化。

2.

6 种驾驭时间的赚钱心法

你是否想过,你身边的优秀婚礼人为什么特别容易赚钱?我从事婚庆行业近 10 年,见证了身边朋友一步一步发展起来,并赚了不少钱。我发现,大家有意无意都做对了很多事情,而且持续在做,这就是时间的力量。

(1) 让自己的时间为自己背书

优秀的婚礼人在初步选择婚庆行业的时候,就知道自己想要什么。他们大概分两种人。

第一种人想自己开婚庆公司,所以去婚庆公司就是为了学艺,对于公司各种事务或岗位的工作都想参与一下。

第二种人想要在婚庆行业做一番事业,为实现这一目标,必须进一家能为自己背书的公司,所以会用心准备简历,也会提前了解婚庆行业。因为他们知道只要进入这家公司,以后再出来就有光环。如果还能在这家公司通过自己的能力得到晋升,以后自己在行业的路会越走越宽。

(2) 懂得行业发展周期

进入婚庆行业后,真正优秀的人会很快洞察到这个行业的职业周期,并利用这个周期调整自己的发展方向。

策划师、统筹师、“四大金刚”都是有职业周期的，原因是这类职业都要和客户接触并为其提供产品或服务，随着时间推移，年龄方面就没有优势了，也许是因为不能再熬夜，也许是因为和客户沟通存在代沟。

这类职业毕竟不像医生、律师、财务等，年龄越大越有可能增值，很多人到一定年龄就转行或者转岗。因此，要提前给自己更好的规划。

(3) 让自己时间卖得更贵

有的人总觉得自己在给别人打工，所以在日常工作中总是磨洋工。你细想，你除了在用自己的时间赚钱，是否也在提升自己的能力？你未来是否也需要依靠这个能力去赚更多钱？

如果你懂了，那你应该会倍加重视每天的工作，会主动去学习更多。如果你是策划师，会更用心做方案，也不会讨厌客户的无理要求；如果你是销售人员，你不会放过任何一个难缠的客户，在拿不下时会去请教别人；如果你是一个执行人员，你不会认为自己的工作就是搬道具做搭建，你会学着理解为什么要这么设计，也许你某天就换岗位了。

(4) 将自己时间多次售卖

我为什么不支持“四大金刚”只做“四大金刚”，原因就在这里，“四大金刚”永远都是用一份时间服务一对客户，只能赚一份收入。这样的岗位天花板很明显，因为同一天只能接一场，也不是天天有婚礼，服务费用也有限。

优秀的“四大金刚”都在转型做培训，比如婚礼主持培训、婚礼化妆培训、花艺培训、灯光培训等。这就是将自己的时间出售多次，并让多人获益。

我看到也有很多优秀婚礼人写书、做分享、做抖音、做直播……这都是将自己的时间出售多次，为更多人创造更大价值。

（5）多次售卖时间的最高级

你发现没？你身边厉害的策划师中，好多都跑去做婚礼堂了，甚至还入股酒店做婚礼堂。

他们就是用了最高级的出售时间方式，用自己的时间在投资项目，比如用自己的设计方案占了该婚礼堂的部分股份，这种情况下酒店也愿意，因为策划师如果占股了，一定会想尽一切办法把婚礼堂设计得更好。

还有，利用自己公司的业务资源，投资婚纱礼服、西服定制等下游品类项目，这基本上都没有额外花自己的时间，但赚取了更多的钱。

（6）买别人的时间来赚钱

我犹豫了好久要不要写这点。我之所以会犹豫，是我担心有的婚庆老板不想让员工看到这个内容。但反过来想，如果有老板愿意让员工看到，其格局是非常大的，因为员工明白这个道理是早晚的事情。

不想当老板的员工不是好员工，我们每个人都要明白这个道理。作为老板，能买别人的时间为客户提供产品或服务，这叫低买高卖，是划算的。老板在其中需要承担的是风险，这是和员工不一样的地方。作为员工，去一家公司上班，把自己的时间卖出去，其承担的唯一风险是自己的时间风险。

如果你有抱负，一定要找机会创业、自己做公司，这样你就可以购买他人的时间创造价值再高价卖出去。

3.

尽量掌握脑力方面的技能

当下的时代，社会发展越来越快，对我们生存的技能要求将越来越高。

对我们婚礼人来讲，需要认清时代发展的现实，方能反思自身条件，并做出正确的长远规划。我们必须清楚以下两个情况。

（1）体力随年龄减弱

在我们这个行业中，有很多是拼体力的工作，如凭借双手搭建婚礼现场、整理仓库、搬运道具，哪怕做设计，也是在拼体力。随着时间推移，这方面的能力都会达到顶峰，你会发现通宵后容易生病了，熬夜后第二天会没状态了。

（2）脑力随年龄增强

如果你所做的工作更多需要脑力劳动，比如创意设计、制定活动方案、营销策略、经营计划、人事制度、战略规划等，随着时间推移，你这方面的能力将越来越强，当然，前提是你在不断提升自己。

从上面两点来看，在婚庆行业做事，最好选择用脑力创造价值的工作。

这是一个“专业＋行业”的时代，我们都需要一个解决问题的抓手，这个抓手就是你的技能。

如果你选择“主持＋婚庆”,这个行业的特征就是职业生命周期较短,基本上在40岁以后,你的能力就会走下坡路。

如果你选择“主持＋婚庆＋培训”,培训会成为你新的发展方向,随着年龄增加,你的能力又进入增长期。

如果你选择“财务＋婚庆”,却不懂婚庆业务,你就是一个普通财务。如果你想在这个行业有更高发展,必然就要逼自己成为管理层或老板,这样你就选择了“财务＋管理＋婚庆”,管理就是你要进阶的新能力。

如果你是一家婚庆公司的老板,目前擅长的是销售,这就是你的抓手,你必须要做深,但是你也要清楚婚庆销售岗位是有职业周期的。有的人会选择增加公司的业务范围,据我所知,很多老板都成功转型做活动策划公司。

最可怕的就是老板什么都不擅长,却认为自己擅长管理,后续随着年龄增长,这个技能也不好用了,因为被其管理的员工也会有职业周期,一直管理一群年轻人也是不小的挑战。最后不得不重新选择行业发展,很容易变成机会主义者。

4.

优秀管理者必抓这 4 件事

公司老板的天花板就是公司发展的天花板，相信这句话让很多婚庆行业的老板感触尤为深刻。尤其是夫妻店，或是兄弟姐妹几个一起创业，初期发展速度很快，但一般一年左右就会遇到增长瓶颈。

初期的你们，可以不领工资，创业成本极低，能做的都一起承担，也可以通宵工作，而且效率特别高，很快就可以赚到一些钱。一旦遇到增长瓶颈，你作为老板就开始焦虑，平时依然很忙，然而勤奋的工作并没有带领公司突围发展。我们也遇到过增长瓶颈，之前所说的抓产品和服务、抓组织关系发展等，这些都是“看得见的方法”，其实“看不见的方法”才是最重要的。

(1) 提升认知

认知这东西听着有点虚，说直白点就是需要提高公司老板经营管理婚庆公司的各方面能力。当然也有老板在这么做，会花很多时间去学，结果还是没能解决公司的发展问题。

原因有两种，其一是在自己擅长的领域持续提高，却忽略了在不同阶段需要提升不同的能力，有些老板是婚礼策划师出身，初期凭借这个能力奠定了自己的地位，两三年过去，这类老板策划设计能力越来越强，公司发展却和之前差不多。

这类老板需要在公司发展的不同阶段找到公司发展的问题,更加具有针对性地学习,可以多去听听已经做大做强的同行朋友的建议,看看他们是如何突围的,这也是提升认知能力的方法。

请教高手、与别人交流、参加培训、学习网络课程、看书听书……这些都是途径,最重要的是缺啥补啥,不能盲目乱花时间提升无法解决当下问题的能力。

其二是很多婚庆公司的老板压根儿就觉得不需要提升自己认知能力,这是最可怕的,哪怕很多老板参加各种行业活动、听很多线下培训课程,目的却是冲着打卡或者是冲着结交几个朋友。你想啊,如果你不提升自己的认知能力,你的决策凭什么能保证更高的正确率?还有,整个市场的进步不会被你是否进步而左右,整个市场发展是必然的,如果你的认知能力无法跟随市场变化,你的决策正确率必然很低,你的公司也必将被淘汰。

这里我也呼吁各位婚礼人,主动迈出这一步。例如选择一本能解决当下问题的书籍,如果不知道哪本书能解决自己的问题,不妨问问身边的高手。如果你还不知道自己遇到什么问题,不妨也去问问身边高手,不要不好意思。承认自己有所不足才能获取更多、更有用的知识。提升认知是我们每个婚礼人每天必做的事情。

(2)制定战略

小米的雷军说过这句话:“不要用战术的勤奋,去掩盖战略的懒惰。”回想过去,我自己也曾是这样一个反面教材,在经营重庆公司的时候,为了逃避思考,每天故意让自己变成非常忙碌,和酒店经理维护关系、和“四大金刚”争取更低的合作价、和我们的策划师交流……就是没有安静下来,花点时间思考这样的行为是否真能解决公司发展的问题,以及当下这家公司到底需要做什么。

后来,我发现制定战略的能力是需要刻意训练的,如果我们能刻意训练自己去思考,就可以解决当下很多问题,甚至你会意识到自己能力不够。你看,这就回到第一点:需要提升认知。

战略就是做选择。大神级的老板经常说自己拥有今天的成就主要是靠运气，我们听得多了，就觉得自己经营得不好就是因为运气不好。你细想，如果是靠运气，那管理这种运气是不是需要能力？

你回想过去，你在公司发展中做了哪几次选择。有句扎心的话：没有选择也是错误的选择。做选择的目标就是保证公司的业绩持续增长，没有使业绩得到增长的选择都是错误的选择。

当你发现你比员工还累的时候，不妨停下来思考一下组织建设；当公司所有方案都来源于你的时候，你不妨停下来思考团队能力的发展；当公司越来越没有竞争力，你不妨停下来思考产品和服务的下一步规划；当互联网获客趋势越来越明显的时候，你不妨停下来思考如何将公司产品和服务传递给更多受众……

你不仅要做战略决策，还要提升自己的决策正确率，这还是回到了我们作为管理者必修的第一点：提升认知。看多了，学多了，也就融会贯通了，融会贯通了就方便实践了。

(3) 重要资源

在我们公司，CEO 龙总需要亲自抓的重要资源是钱（公司融资），还有公司缺乏的结构性人才。比如他曾经为了找一位做婚礼运营的主管，花了 2 个月时间，他为了找一位算法工程师，也是花了 2 个多月。人才是最重要的资源，在经营公司时，当你发现有自己无法解决的问题，而且这个问题是长期存在的问题时，那你就应该想办法去找到最优秀的人和你搭档。小米雷军说过："找人不是三顾茅庐，找人要三十顾茅庐！"只要有足够的决心，花足够的时间，就可以组成一个很好的团队。

对婚庆公司来讲，除了人才以外，渠道资源也很重要。目前很多婚庆公司主要依靠线下，尤其是酒店和影楼。有些工作室发展不大，没有抓住酒店资源算一点，我见过有工作室老板在面对酒店主动寻求合作的情况时，一律都拒绝了，这就是不懂抓资源的力量。强调一下，酒店资源一定要抓在老板和股东手里，不然就会给别人做嫁衣。

(4) 核心事务

每个人都喜欢去做自己擅长的事情,比如擅长销售的老板总喜欢抱着微信与客户聊天,擅长渠道的老板总喜欢拜访酒店经理,擅长策划的老板总沉迷于构思婚礼方案,还有擅长画图的老板,公司发展初期都过了,居然还在用 PS 和 CDR 作图。这些不是不该做,而是要换一种方式去做。如何做?

我们应该做的核心事务,即重要但不紧急的事情,但是我们做到的并不多,很多老板经常在做那种紧急但不重要的事情。判断一件事是否为核心事务的方法就是这件事今天做和明天做没多大区别,但这件事情一旦做成对公司影响会非常大。

还有一点,多做会使边际收益递增的事情,沉迷于自己画图不如教会别人,教会别人做不如招一个厉害的,自己聊客户不如赶紧搭班子,做好销售能力培训和提升。把你的时间解放出来,你可以做更有价值的事情,也有时间思考战略,思考和落地自己团队的组织、流程、机制,这样才能驱动整个公司更好的发展。

5.

策划师出身的老板如何做大公司

你身边是否有这样的婚庆老板:曾经凭自己的策划设计能力在其工作的婚庆公司出类拔萃,后来认为这家公司装不下自己发展的梦想,就出来开了自己的工作室,凭借自己的能力快速建立起自己的品牌。自己特别想把工作室做大,但是无论怎么努力,工作室依然还是工作室。公司的主力策划师依然是自己,客户也只认自己。随着自己的年龄越来越大,谈单、聊需求和熬夜做执行也失去优势了,最终以转行结束了自己在婚庆行业的职业生涯。

(1) 产品人难以战胜职业周期

这类老板有个明显的标签就是策划师出身。策划师其实就是产品人,在婚庆行业的初学期,却什么也不懂的阶段,能拿到一份工资还能学到策划、设计婚礼的能力,是非常值得的。通过这个体验也能让很多人知道婚庆行业的婚礼策划师的岗位属性,如果觉得自己不合适就会提前退场,能在这个岗位上坚持下来的至少有七分热爱婚庆行业。

随着时间的推移,自己的思想逐渐成熟了,与客户的年龄相差不大,聊天容易产生共鸣;策划能力得到了快速提升,谈单、做方案也得心应手;这一阶段的精力非常好,哪怕连续做国庆节的几天婚礼搭建,也能游刃

策划型老板的职业周期

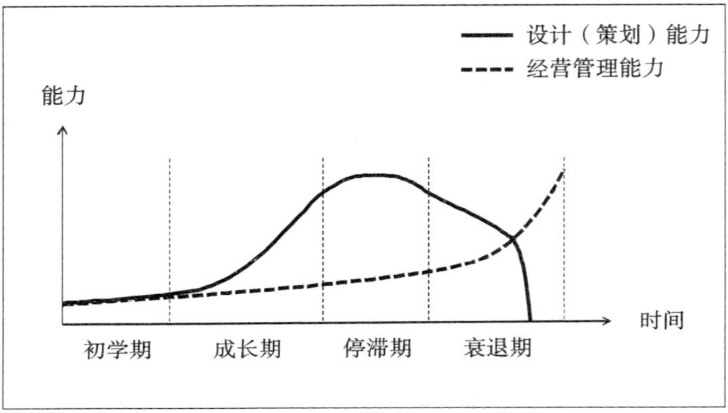

有余。这就是成长期,收入方面也得到了质的飞跃。

下一个阶段,自己的年龄逐步增大,可能结婚了,也有了孩子,以前勇往直前的自己开始需要考虑如何平衡家庭、生活和工作的关系。以前可以花很多时间翻遍客户朋友圈找灵感,还可以为了一个方案苦思冥想几个小时,现在这些都成为过去的故事了。现在的自己,无论是精力和时间都没办法像以前那样了,心有余而力不足,此时的自己就处于策划能力的停滞期。

如果你是工作室的老板,当你到了 35 岁(女性可能更早)以后,你的工作室还依靠你出方案做婚礼去赢得市场的竞争,此时你就不是心有余而力不足,而是无力回天。你在年龄上和与客户沟通上都没优势了,甚至越往后还可能存在代沟了,这说明作为产品人的你开始进入衰退期了。

这是我们作为婚礼产品人的职业生命周期,凡是和客户接触的岗位,销售人员、策划师、统筹人员、主持人、摄影师、摄像师、化妆师都是如此。我们必须要清楚知道,自己作为产品人的能力是无法一直提升的,所以你需要提前启动自己的其他能力。

（2）将策划能力复制给其他人

一名策划师在初创工作室时，自己一般是处于能力的成长期。

产品人作为经营者最麻烦的事情就是沉迷于打磨产品。这个时候，经营者总觉得所有员工都不如自己，任何事情亲力亲为、事必躬亲。当你把时间花在哪里，时间就往哪方面塑造你。你把自己塑造成了一位策划师，却忘了自己是一家婚庆公司的老板，你没有把时间花在思考公司该如何发展，该如何凝聚更多有能力的人和你一起做，如何去搭建更适合发展的团队，如何启动自己公司的增长飞轮上。

你做的具体工作都是执行方面的工作，但公司更需要你去决策。当你发现跟你一起创业的策划师离开的时候，这可能预示着你的策划能力的停滞期即将到来，因为跟你一起干事的人觉得学不到东西了——更好的策划婚礼的机会都是你的，他们没有提升的机会。

此时，你需要做的事是，将自己的能力复制给其他有潜力的伙伴。以前你是自己做，现在你的角色就变成了老师，老师的能力是不同的，这又将成为你的新技能。最重要的是，培训的技能可以让你时间的边际收益变得更高，因为你指导一个人和指导三个人的时间成本是一样的，当你把能力复制给更多人，你就变成了真正的管理者。

（3）用更多时间狠抓经营与管理

管理就是通过别人达成目标。首先你要制定出公司今年的业绩目标，其次围绕着公司的目标去搭建自己的团队，最后带领自己的团队冲向那个目标，这就是联想电脑创始人柳传志所说的“定战略、搭班子、带队伍”。

首先是定战略，即你想把自己的公司带向何方。根据当下的市场环境和发展趋势制定出公司的业绩目标，这类目标不要定得太高，也不要定得太低，一定要结合自己去年的经营情况。有时候在发展中遇到问题,可能还需要你及时调整自己的策略,这是一个循环使用 PDCA 的过程。简单来说,就是为了公司的发展不断调整自己的经营策略。

其次就是搭班子,你要根据目标调整自己的组织架构。需要哪些岗位,这些岗位需要怎样的能力,都是你要去思考的。还有,这些岗位的人从哪里来,现有岗位的人哪些需要调整,哪些需要招聘,这都是你要考虑的。制定出整个团队一起做婚礼的游戏规则,也就是工作流程,这是保证各部门之间的工作能顺利进行的重要环节。

最后是带队伍,就是你亲自带着这个团队奔向自己制定的那个目标。这里面就涉及上文所提的培训,你怎样将大家的能力变得更强,以及如何通过薪酬设置让大家为公司创造价值并获得更高收入。还有如何奖惩,制定规章制度保证团队做好婚礼产品和服务。

6.

从行业峰会中收获更多的 5 个方法

婚庆行业在每年七八月举办的业内峰会还是挺多的，很多老板会带着自己管理层去各峰会参加学习。有些老板和我说不喜欢参加这类峰会，原因是觉得这类峰会没意义、没收获。如何更有收获，不虚此行？我结合自己参加这类峰会和其他知识领域学习的经历总结了 5 点。

（1）注意辨别峰会质量

行业峰会有大有小，有时候，一个机构在自己的城市举办了一场培训也叫峰会。峰会质量肯定也有好有坏，我们参加峰会时最重要的就是辨别质量。你可以先看看主办方的课程设置是否对自己有帮助，如果没有帮助就没必要去了。

辨别峰会质量还要看邀请嘉宾的实力，这里面可以看出主办方的诚意。别去参加没有任何嘉宾的峰会，这类峰会多半是主办方自编自导自演的“割韭菜”行动。

（2）提前做好攻略

如果是大型峰会，就会分为很多分会场，各分会场的很多活动是同时进行的。此时你就要提前和团队一起做好攻略和规划，哪些参加，哪些不参加，哪些分头参加。通过商议,拟定一个参加峰会的时刻表。

(3) 做好课程录音

听课的时候别拍照,好好听课。可以做笔记,做笔记的方式可以是画思维导图。如果担心自己消化不了,买一个录音笔录下来,我买的是搜狗录音笔,可以直接转文字,非常方便。没有录音笔,也可以用手机录音,为了避免中途断掉,可以开启手机飞行模式。

(4) 学完要做好消化

很多朋友听完别人的分享就结束了,很难有效果,其实最重要的是消化。如果你是一个人学习,回去后要花时间整理学习笔记,结合自己的工作进行思考,这样才对你的未来有帮助。如果是团队共同学习,那就一起复盘总结本次学习,探讨哪些所学内容能在工作中运用。

为了做好吸收和消化,可以想办法加上老师的微信,一是可以找老师要一份 PPT,二是在以后遇到困惑时,可以单独向老师请教。

(5) 多认识高势能朋友

除了学习阶段,剩余时间怎么花将是你区别于其他学习者的重要因素。很多朋友来参加峰会带上家人,我非常不建议,这会让你根本没办法带着学习的目的来。在空余时间,你也没必要和本地同行待在一起,他们都是你平时可以接触到的朋友,来日方长。

你需要多接触外地的值得学习的朋友,争取一起吃顿晚饭,听听对方经营管理公司的心得,毕竟大家不在一个城市,人家会真心实意给你分享。

想要认识这类朋友,可以请峰会主办方引荐。很多人以为峰会结束,本次行动就结束了,要么去旅游,要么打道回府。其实,你可以重点关注一下峰会所在城市的优秀同行,想办法去对方公司交流,这样才不虚此行。

7.

参加培训需避免的 3 种错误

很多公司每年都会组织员工参加各种婚礼行业的培训和其他团建拓展活动，最终的结果是大部分老板和员工都觉得没有用，抛开活动主办方、培训机构、拓展机构的课程设置这类你无法左右的问题，我们就团队自身和个人的情况做一个剖析。

（1）公司没有结合需求选择活动

选择永远大于努力，一旦选择错误，越努力，错误的代价将越大。很多培训是老板一厢情愿要参加的，没有结合自身团队的需求。

比如你团队最缺的是设计师，你却让所有销售人员去培训，团队的销售能力本来就有 70 分了，你通过培训可能也就拔高到 80 分，如果你选择让员工去参加设计课程，你们团队在这方面可能从 50 分拔高到 75 分，这是截然不同的效果。

还有部分人特别喜欢随大流，也就是见别人公司去参加了培训，感觉自己不去参加就吃大亏了。还有人明知道有些活动的讲座就是个人秀，还带着团队去凑热闹，其实学不到有价值的内容。

（2）参加培训的动机不纯

你们有没有遇到这种情况：本地的讲座或者培训

根本就不想去,连凑热闹的心情都没有。但如果这个培训的地点是在三亚、大理、厦门,或者在普吉岛、马尔代夫、苏梅岛,很多公司员工或者高管一定会想方设法去说服自己的老板参加这样的培训,能列出的去参加这种培训的理由绝对是数不胜数。

甚至作为老板,可能也早就心动了:白天认真上课,晚上或者课程结束后就去周边游玩。因为如果专门去这个地方得花不少钱,这次去培训,既学到了知识还能旅游,多划算。

你发现没,很多人都是被这个地方打动了,大部分人的真实需求是借此机会去旅游,为了填补自己的负罪感,就必须有一个学习的外衣穿在自己身上。

(3) 没有结合现状消化培训内容

很多人是这么学习的:培训的时候边听老师讲边记笔记,老师讲了多少,就记了多少,培训结束后,这个笔记本基本上就再没被翻阅过。很多人学习网课和看书都是一样,从头学到尾,学完后感叹:感谢努力的自己,又学完一个课程了。然后,就没然后了。

学习的东西没办法落地,这是很多人的心声。问题在于,很多人的学习是这样的过程:输入—结束。参加培训,记完笔记,难道就吸收所有课程内容了?看一本书,难道从第一页看到最后一页,中途画一些横线就学到了?

这都是只完成了一个“输入”的动作,正确的方式应该是:输入—消化—输出。参加一个培训,除了记录知识,最重要的是要消化,就像学生时代每天要做家庭作业一样,这是在帮你消化知识,检查自己的学习情况。

我们作为婚礼人,在参加了这类培训之后,一定要把学到的知识和公司的经营业务相结合,去探讨、去思考如何应用于现有的工作,如何帮助公司解决问题,这才是最重要的。

培训结束,只是你消化知识的开始,消化知识才是你拉开和竞争对手差距的重要环节。

8.

不要去做制造麻烦的人

每次有新同事入职，我都会与他们就“表达情绪、陈述事实和明确行动”达成共识，除此以外，我还会和新同事们就工作行为达成共识。我会说一句话：“我们欢迎解决问题的人，痛恨制造麻烦的人。”我认为，同事之间的认知共识是非常重要的。

(1) 为什么会有问题存在?

我们必须先搞懂为什么会有问题存在，才会不惧怕问题。你看，无论是公司还是我们每个人，每一天都有可能遇上各种各样的问题，原则上，没有问题的状态是不存在的。用一个公式表达：问题＝期望－现实。每个人在不同时期一般都有新的期望，买了房就想买车，买了房就想买更大的房，买了车就想换更好的车……

公司也是如此，无论是哪家公司都想要有更好的发展，当完成了第三季度目标，接着第四季度就有新的目标出来，且所有人都希望这目标比上个季度更高。因为大家都知道，公司业绩越好，自己收入才越高，这就是期望。

也许你会说，像日本有些企业强调工匠精神，几代人都在做同一件事，这样的公司应该没有问题吧？其实，哪怕个人或者公司没有任何新目标，保持不变也是一种期望。为什么？因为整个社会或市场不会因为你不进步或你的公司不发展而不进步,哪怕就是让公司保持于一定的发展水平也是需要努力的,这也是期望。

所以我们只要有期望,一定就会有问题,当期望和现实差距越大时,问题也越大,公司也是如此。比如你的公司现在还是工作室规模,这就是现实,你想成为当地行业老大,这就是你的期望,这两者之间的差距就是问题。当你真正做到了行业老大,这个问题就被你解决了,此时你可能想跨行业去做婚宴酒店了,这又成为你新的期望,现实是你没有做过,于是你和公司又有新问题了。

(2) 解决问题的方式

继续看下这个公式:问题＝期望－现实。要想解决这个"问题",只有两种办法:要么降低期望,让期望等于现实;要么提高现实,通过努力让现实等于期望。

比如开公司,当你通过几年努力后,发现当年想做行业老大的目标无法实现,你很痛苦。你后来想明白了,觉得自己能力不够,无法做到老大,这个时候你就会放弃当年那个期望,这个就叫"接受现实",这样,你想做行业老大的这个问题自然就消失了。这就是降低期望以解决问题的方式。

还是举开公司的例子,你通过 2 年的努力,作品越来越好,在市场上的影响力越来越大,转介绍也越来越多,你觉得自己能做到行业老大的目标越来越有希望了。通过你和团队的努力,你们的"现实"在提升,越来越接近期望,你的问题就越来越小。这就是提升现实以解决问题的方式。

我们需要想明白的是,自己的"问题"到底该用怎样的方式解决,这里面没有对错之分。

(3) 为"大问题"可以欢呼

既然问题是人一辈子都要面对的,只是不同阶段遇见的问题不同罢了,而且这些问题都是我们自己可选择去面对的问题,那么,我们需要选择去解决更有利于自我成长的问题。同理，公司也应该选择去解决更有利于公司发展的问题。我们公司的同事现在都会为“大问题”高兴，为什么？

“你能解决多大问题，你就拥有多大价值。”这句话我也会告诉每个同事。你发现没？身边有很多人总是抱怨收入太低了，但从未想过为什么自己收入这么低，也没有反思过自己该怎样做才能配得上更高的收入。之前我写过关于定价的话题，高价源于稀缺性。每个人的收入也是一种定价，能拥有高收入只有一种可能，即你的某种能力是稀缺的，以及这种稀缺能力能解决大的问题。

我们国内能做婚礼堂设计的几位策划师，其本身的能力是稀缺的，且不容易复制，因为他们能解决普通策划师无法解决的问题，所以他们能收获普通策划师无法赚到的收益，且是客户心甘情愿付给他们的。说到这里，你要反过来想，难道蔡上老师、徐丹老师他们是一蹴而就、一步登天的？

肯定不是。他们都是一步一个脚印发展起来。当面对大问题的时候，他们在欢呼。而我们大部分人却躲在了大问题背后，选择了自己容易解决的问题。

讲到这里，我想起了另一句“鸡汤”：“成功的路上并不拥挤，因为坚持的人不多。”遇见大问题了，你要知道，那是因为你现实的能力和期望存在差距，正确的做法是不断提升自己的能力，尽快去接近目标，这样就容易把问题解决掉。遇到更大的问题，说明你拥有更大的提升自我能力的机会，你的认知边界也会进一步被拓宽。

(4) 别做制造麻烦的人

由于婚庆行业具有人才周期性，基本上行业内的从业者都比较年轻，作为老板，帮助大家提升认知能力就显得尤为重要，不然最终吃亏的还是自己。上述的内容，都是我会给同事分享的关于“解决问题”的内容，当大家都提升了对“问题”的认识，就会迎难而上。当然也不是每个人都能形成100%清晰的认识，也不是每个人心智都非常成熟,这也许会在无形之中给公司或者他人制造麻烦。

我自己有个做人的准则:我无法保证自己喜欢每个人,但我可以保证自己不害任何一个人。其实在工作中也是同样的道理,我们一定不要去制造麻烦,无论是对公司领导还是对同事。

公司所有的结果都是靠团队每个人创造的,大家聚在一起,如果说得俗气点就是为了赚钱,如果你的心思都放在制造麻烦上,那么你不但没有创造价值,还拖累了公司,也就是你的价值是负分。其实这个道理每个人都懂,但是很多人容易犯糊涂,糊涂点就在以为自己为团队或某个同事做了点有价值的事情,却不知这个事情是不利于公司发展的。比如你身处管理层,你在工作中会维护自己部门的员工,哪怕有员工在和其他部门协作中出了错,你依然在维护他,在这种情况下,你就会麻痹自己,误认为自己所做的事情是利于公司发展的。

衡量自己是否在工作上制造麻烦的唯一标准就是:做这个事情,是否会影响公司发展。如果是,你需要谨慎。

9.

没经验如何开婚庆公司

很多人做婚庆公司都是因为自己办婚礼。我遇到过很多新人向我咨询关于开婚庆公司的事情。能够有创业的心态,我绝对是敬畏的。我也鼓励大家创业,因为从个人时间投入的角度,开公司就是低价花钱买别人的时间,并以高价卖出去,对自己来讲是非常划算的,能创业一定要创业。想开婚庆公司一定要做好前期准备,不要盲目进去,磨刀不误砍柴工。

(1) 没你想得那么美好

我问过很多想做婚庆的朋友,为什么会选择婚庆这个行业,大家都会说因为婚庆是一个幸福的事业。我想说,其实你是见证了别人的幸福,但是这工作不一定能给你带来幸福。

首先,你要想好能否接受没有正常节假日的状态,如果你无法接受,千万别入局。其次,你要想好能否接受作息时间极其不规律的生活方式,去布置婚礼现场肯定会熬夜的。最后,你要想好你是不是一个能处理好人际关系的人,这里倒不是说职场复杂,而是说你要有一个服务的心态,因为客户来自各行各业,什么样的人都有。如果你自己脾气不好,千万别做婚庆。

(2) 先去婚庆公司工作

很多人想做一件事,就会马上行动,等入局之后发现完全不是自己想象中那样，又准备离开这个行业去别的行业。在很多局外人的观念里，婚庆太简单了，就是签单后，给客户做个方案，然后按照方案执行出来就行了。

其实，作为婚庆公司的老板，哪些道具该买，哪些不该买，要招哪些人，给多少钱工资，这些都是你不清楚的，尤其是道具。如果你盲目创业，会浪费很多钱。

同时，你会发现婚礼设计对于没有设计经验与基础的你是特别难的。你的解决方案只能是卖套餐，你就完全感受不到设计好产品给人带来的成就感，就会越做越心累。

与其花钱买教训，不如先去婚庆公司工作几个月或者一年，人家还倒给你钱。你说，你是亏了还是赚了？

(3) 最好去做销售或者设计

当你决定去婚庆公司了，你就要带着宏观视角去做每个岗位的工作，这个时候就是你积累经验的时候。如果你有平面设计、室内设计、园林设计等设计专业的背景，建议你去应聘婚礼策划师，也就是专门去做婚礼现场设计和搭建指导。因为你拥有设计能力和道具还原能力，这是你未来公司的稀缺资源，拥有策划师的经验后，你再做婚庆公司，基本上就不愁没策划师了。

如果你不懂设计，那就去做销售，这个岗位将是公司非常重要的纽带，你可以知道公司如何获客，哪些渠道的客户质量高，也知道销售人员每天工作的内容。以后你自己开公司的时候，哪怕招聘人来做，你也可以知道员工的工作做得怎样。

你还要多去执行婚礼现场，这样你就可以掌握道具资源，逐步熟悉其价格和使用方式。

10.

婚礼堂设计师的 4 个段位

抛开地理位置、餐标和味道、现有客源等情况,在同等条件下,婚礼堂最重要的是拼设计。因为婚礼堂的设计落地之后,将持续影响着客户对整个场地的体验和感受。我为大家梳理了行业中 4 个段位的婚礼堂设计师,希望能对大家有启发。

(1) 四流的设计师

我去看过很多生意不好的婚礼堂,这类婚礼堂有个通病:整个婚礼堂就是道具的堆砌,没有多少设计感。这类婚礼堂有两种情况:酒店老板出资,设计师根据酒店老板的喜好做了一个婚礼堂;婚庆公司出资,设计师根据公司现成道具做了一个婚礼堂。这类设计师设计的特点就是:老板喜欢就行,我能把道具卖出去就行。

(2) 三流的设计师

这类设计师,俗称“自嗨型设计师”,就是拿别人的钱做自己的作品。这种风格不仅表现在婚礼堂设计上,还表现在给客户设计的婚礼方案上。在没有深入了解市场需求、酒店竞争对手、客户对价格的要求的情况下,凭借自己空想出的婚礼方案做了婚礼堂设计,这样可能造成的结果就是酒店老板或者婚庆老板花了钱,但是由于成本问题造成最终不好销售。

(3) 二流的设计师

其实这类设计师,是非常棒的。他们设计的婚礼堂是符合市场需求的,成本控制得非常好,对竞争对手做了充分市调,做出来的现场非常漂亮,定位非常精准,每个厅也做到了风格差异化。这类设计师是融合了老板和客户需求,做出了让多方满意的婚礼堂方案。

(4) 一流的设计师

这类设计师给人的感觉可能和三流设计师有点像,都是特立独行,也会被误认为有点“自嗨”,因为他们不爱听酒店老板的建议,并明确告诉对方要相信自己。这类设计师除了自信自己的设计,更自信通过自己的设计能让酒店的销量提升。他们除了考虑二流设计师考虑的所有问题,还会考虑到被邀请来参加婚礼的宾客的体验,也懂得新人父母对于体验和服务的需求。坚持自己所有的创意能帮助酒店老板更好的销售,让新人和双方父母拥有更好的谈资,让全场嘉宾拥有更好的体验。

一句话讲明白:四流卖道具,三流出作品,二流看客户,一流顾全局。

第十三章 行业发展的趋势

1.

从过去看未来的婚礼趋势

随着经济水平的提高,我们日常生活的质量越来越高,我们对产品质量的追求也越来越高,所以我们能看到婚礼随着时尚潮流也在一步一步演化。随着信息技术的发展,我们获取信息的能力越来越强,我们对产品的消费会越来越理性,婚礼行业随着信息互联的发展一步一步变得透明。

你是否有这样的感受:你的年龄不断增长,你服务的新人的年龄几乎没变,你和他们的代沟越来越大。这是不可改变的现状。面对如此特殊的行业,我们必须不断完善人才机制和商业模式,才能随着新人需求的变化不断变化。

我们一起来看看新人对婚礼的需求的 4 个发展阶段。

(1) 只要有就行

这个阶段好比没有进入互联网时代的服装业,消费者都是从电视、收音机和报纸等媒体获取信息,时尚趋势被商家和媒体控制,所以这个阶段是市场卖什么,你穿什么。

这个阶段的新人对婚礼的需求就是图热闹。初期的婚礼行业,现场搭建非常简单,甚至就是一套场景迎天下客。这种状态在不发达的乡镇依然存在,有机会大家可以去看看。

这一层次的新人只是寻找一个“热闹”的方案,所以这类新人的要求就是“只要有就可以”。

(2) 只要好看就行

这个阶段大家可以上网了,获取信息的渠道增加了,审美的水平也提升了,服装穿搭逐步被明星引导,各种潮流席卷而来,大家知道了什么是好,也就知道了什么是不好。

在婚庆方面,新人不再满足于“只要有就行”,此时婚礼人就要动脑筋借鉴其他视觉领域的产品来做婚礼,从而诞生了套餐婚礼,婚庆会做好几套让客户选择,还可以在这些方案的基础上进行修改。

(3) 我要适合我的

这个阶段进入移动互联网时代,即 KOL 时代。你就会看到服装这个行业不再是跟着品牌走了,而是跟着意见领袖走,很多会穿搭的女生就会成为时尚博主即“网红”,这个叫粉丝经济。

这个阶段的新人无法容忍自己的婚礼和别人一样,无论通过刷抖音还是小红书,你会发现出现了很多 KOL,即备婚博主,他们会引导你的客户更好更专业地筹备婚礼,客户对于婚礼现场见得多了,自己脑海里早就有了朦胧的婚礼场景的设想,就等着懂其需求的那个婚礼策划师出现,为其打造一场属于自己的完美婚礼。

(4) 我要大家满意的

移动互联网已经够方便了,获取信息还能更方便吗?能,这就是“所见即所得”。还是拿服装来举例,现在有很多网红店会先预售衣服,再进入生产期,以后有了 AR 技术,你可以自己设计服装或者试穿各种虚拟服装,不用买,就能提前知道自己的上身效果,觉得好再下单，这是一种参与感，自己最终成了自己的设计师。

未来婚礼也是如此，策划师不是单纯地挖掘新人需求去做方案，而是结合高科技协助客户完成一场婚礼。这个时候的新人变成了参与者，他们思考的方向会更偏向如何让宾客满意，这就是做一场让大家满意的婚礼。

2.

城市之间的设计水平差距在缩小

一线、二线城市的婚庆公司,可能已经发现来自三线、四线城市、乡县的订单越来越少了。出现这种情况不是因为你们做得不够好,是市场环境发生了变化。

(1) 各地策划师水平提升快

以前很多客户愿意多花钱从省会城市找婚庆公司去自己老家办婚礼,主要是自己看不上当地婚庆公司的作品。一辈子就一次的婚礼不能随便,所以这类客户愿意花高价去更好的城市找婚庆公司来给自己办婚礼。当然还有一个因素就是,从省会城市找婚庆的新人,大部分都是自己就在省会城市工作。

当今时代在发展,各地优秀婚礼人越来越多,这类策划师很多也是从一线、二线城市回流的。这也加大了对各地婚庆公司的冲击,本地策划师迫于竞争压力也在拼命提升自己的设计能力,道具和灯光也跟随着策划师要求的提高在进步。各地婚庆的设计能力的差距就逐步缩小了。作为新人,既然本地婚庆公司也能满足自己的需求,那么也会优先考虑找本地婚庆公司了。

(2) 能为客户节省费用和时间

当各地的设计水平趋同了,新人就会比较价格,这个时候，本地婚庆的优势就开始突显了。

其一，仓库道具、灯光舞美、广告制作等物料全部都可以本地化，在运输费用上就可以给客户节省很多。其二，如果由省会城市的婚庆公司来做，除了运费，还有人工费及食宿相关的费用。其三，本地策划师对本地各种酒店和户外场地都非常熟悉，这样也能节省测量场地的时间及交通费用。

换位思考，如果你是新人或者新人父母，你估计也会选择本地的婚庆公司了。

(3) 优秀“四大金刚”捧场，增加软实力

一场婚礼的品质好，除了婚礼现场要有创意、要美、要符合新人需求，还有新娘特别看重的化妆师、摄影师和摄像师的水平要高，父母看重的主持人水平要高，而本地婚庆的“四大金刚”的水平是相对较低的。

随着交通出行越来越便捷，城市与城市间的距离越来越近，聪明的本地婚庆公司采用了非常讨巧的方式，直接和一线、二线城市的优秀“四大金刚”进行合作。以前由于交通原因，他们基本上不会来。但现在交通方便了，有些城市间可以做到当天来回了。本地婚庆在合作价方面也会高于省会城市，“四大金刚”也愿意过来。

有一线、二线城市的优秀“四大金刚”到本地来服务，也会加速本地“四大金刚”的进步，因为看到了差距就有了进步的空间。这样既解决了新人对“四大金刚”服务的需求，同时也更利于新人订本地婚庆，达到了相互成就的目的。

(4) 移动互联网让交易成本降低

以前，新人要了解一家婚庆公司，信息很难快速获取，不得不挨家挨户去找婚庆公司确认，这让交易成本变得非常高。

现在，各种 App 的出现，让消费者在消费前的搜寻成本变得极低，通过微博、小红书、抖音等都可以很直接地了解到各公司的作品。现在各地的婚庆公司都开始重视新媒体账号的运营，这让新人更容易找到适合自己的婚庆公司。

现在有了微信,除了能够直接通过文字和语音与客户进行交流,每家婚庆公司还可以通过朋友圈传播婚礼作品,新人和婚庆公司间的沟通也更便捷了。

3.

用裂变解决增长瓶颈

探讨这个话题有个前提:你的公司的产品和服务没有多大问题。但无论团队在渠道和销售方面怎么努力,也没办法让公司业绩持续增长。

如果不及时解决这类情况,可能就会出现管理层或优秀员工离职的情况,使得公司进入退步期。你不得不提拔或引进新的管理层,期望恢复以前的业绩。然而依然没有持续增长,又有人离职,又退步,如此循环。

这种情况可能是因为品牌受众固化,或由于公司没有持续增长,大家没办法获得更高收入,团队成员为了更高收入不得不选择更好的发展机会。解决这类问题有如下办法。

(1) 利用裂变让更多人看到希望

水往低处流,人往高处走,这是所有人都懂得的道理。员工不希望让公司业绩不增长或公司不发展影响其收入。那么最好的办法就是将公司变成培养更多老板的摇篮。

你可以找一个你觉得有潜力的"二当家",支持他出去再开一家婚庆公司,你出钱投资他,但一定要让对方当大股东,不然后期会出现其动力不足的情况。这样对方就可以拼命为自己做一家公司,你再用自己的资源去支持对方,比如道具共享、财务共享,让其锦上添花。

如果顺利,这个"二当家"将成为公司全员羡慕的对象,大家也会明白"只要我跟着公司干,做得足够好,老板会支持我自立门户",这会让你现有团队的成员干劲十足,这就是榜样的力量。

(2) 内部竞争优于外部竞争

当你选择裂变模式,每个人的晋升路径就非常清晰,只要好好做,终究一天自己能开公司。对你来讲,与其与其他婚庆公司竞争,不如在内部投资,孵化自己人去占有市场。

婚庆是一个存量市场,客户不选你,就选A,或者B,甚至C。而你间接通过投资的方式赢得了更多市场份额。

(3) 裂变的品牌策略

裂变模式下,除了自己有定位规划,品牌定位主要是被客户逐步选择的结果。诺丁山就根据客户的消费价格做了三个定位不同的品牌,这就是为了赢得更多市场而制定的策略。

如果在同城,你裂变的品牌最好不要相同,因为同一个品牌在同一个城市拥有两家店,这是没有任何价值的。当你拥有不同品牌,哪怕两家是竞争对手也没关系,因为无论客户选择哪一个,最终都是你的客户。最重要的是,你利用多品牌策略抢占了更多的市场。

如果裂变的合伙人要去异地发展,你就可以考虑用现有最厉害的品牌去支撑,可以做到1+1>2。到了新城市,有个老品牌背书,会让客户觉得公司规模变大了,感觉更靠谱。

4.

重视国内目的地婚礼

一对情侣带上要好的几个朋友，到城市周边有山有水且独特美丽的地方去办一场微型的户外婚礼，比如悬崖上、湖泊边、树林里、雪山下、沙漠里等，这就是大家所说的目的地婚礼。

这类地方初期是由旅拍摄影师发现的，之前仅仅作为婚纱照的拍摄场地，现在逐步成为很多新人的举办目的地婚礼的圣地。个人认为其之所以能在国内成为趋势的原因有以下几个。

首先，国内目的地婚礼成为海外婚礼的替代品。随着疫情在全世界肆虐，海外婚礼的方式在近年基本上成为泡影，海外婚礼受众必然会选择在国内举办户外婚礼，酒店的户外场地本来就很稀缺，寻找另一种户外形式的婚礼将成为大家的目标。

其次，兼顾父母的宴请需求和新人的个性化需求。这种小而美的目的地婚礼，不需要征求父母意见，新娘带着闺蜜，新郎带着兄弟，自驾就抵达目的地，近的地方还可以当天来回，整个仪式有摄影师和摄像师的完整记录，在宴请亲朋好友的婚宴中，还可分享自己这场婚礼的照片和视频。

最后，“95 后”和“00 后”新人的需求越来越个性化，他们需要这种与众不同的婚礼形式来表达自己对婚姻的不同理解。

大家可以留意自己城市周边是否有适合举办目的地婚礼的场地,初期可以采用征集方式寻找合适的新人,当这类案例积累得越多,你就越能吸引更多潜在客户。

5.

婚礼人最后的出路在哪里

婚庆不是一个好行业。加班算什么？熬夜算什么？通宵是家常便饭。我从事婚庆行业已经近 10 年了，每年都会听到身边有熟悉的同行突然去世的消息，有些人还很年轻，还没结婚。

做婚庆这一行很操心，场工在酒店搭桁架，老年人路过时踩到背景杆摔倒，婚庆公司赔几万元；摄像师为了拍照，误碰到酒店房间的防火喷淋装置，赔几万元；新人亲戚碰倒背景杆，砸到一辆车，还是赔几万元……这都是我经历过的真实情况，但这还不是最残酷的。

最残酷的是，所有婚礼人要清楚知道婚庆不是一个能做一辈子的行业，随着年龄越来越大，婚礼人的竞争力就会越来越弱。你需要考虑你自己的出路到底在哪里，或者你到底在哪个行业退休？

（1）做活动公司

有的老板很有商业洞察力，发现婚礼不像影楼可以天天做，便转向类似的行业即活动公司。做活动公司基本上不会像婚庆公司那样业务特别集中，可以服务各种甲方，隔三岔五就有点业务可做，这样人效比婚庆公司高。

(2) 做婚礼周边

婚礼除了拼能力,还得拼精力,能找个不用通宵工作的行业是最好的,很多婚礼人就会选择去做婚纱礼服定制,原因是服务的依然还是自己熟悉的新人,熟悉去哪里找客户,也熟悉如何谈客户。

(3) 往空间设计发展

往这方向发展的主要是有设计功底的策划师或者设计师,随着其年龄越来越大,和新人沟通的优势不再那么明显了,但是在很多与美术陈列相关的行业,年龄不是问题,只要有精湛的设计能力,就能吃遍空间设计各种领域。有些大佬就往这方面转型了。

(4) 做婚庆供应商

供应商的业务以道具租赁为主,还有做仿真花生产、铁艺定制、泡雕、广告印刷等,利用好自己在行业中的人脉,继续做大家的好搭档。

(5) 开酒店做餐饮

近几年婚礼堂逐渐流行,终于到了酒店行业需要婚礼人大显身手的时候了,很多婚礼人都做了餐饮和酒店。

(6) 进军培训领域

培训是一个非常好的领域,很多厉害的"四大金刚"都在想方设法在自己擅长的方向做培训,还可以教销售、教设计、教搭建、教花艺、教督导。以前是一对一出售自己的时间,现在不同了,可以一对多出售自己的时间,这种方式是非常划算的。但是这个领域竞争特别激烈,所以你要想好自己的核心竞争力是什么,还需要积攒自己的信用飞轮。

无论你是公司老板,还是"四大金刚"、花艺师、灯光师、策划师、设计师还是销售人员等,我希望你能结合自己的专业能力,想清楚未来的发展方向在哪里,哪个方向能够承载自己的梦想。